KOSMOS
HUNDE
BIBLIOTHEK

EVA-MARIA KRÄMER

BEARDED COLLIE

EXPERTENRAT FÜR DEN HUNDEHALTER

FRANCKH-KOSMOS

Mit 21 zumeist mehrteiligen Zeichnungen von Dr. Elke Jarnut sowie Rainer Benz (S. 81), Eva Hohrath (S. 35, S. 86 g, h), Schwanke & Raasch (S. 86 a-f) und Brigitte Zwickel-Noelle (S. 130), 5 Farbvererbungstafeln von Jan de Wit, 12 Schwarzweißabbildungen und 63 Farbfotos (Bildnachweis im Anhang).

Umschlaggestaltung von Norbert Deppe, Herrenberg-Oberjesingen, unter Verwendung von 5 Farbaufnahmen von der Autorin.

Layout-Entwurf: Concept GmbH, Höchberg

Die Deutsche Bibliothek – CIP-Einheitsaufnahme

Krämer, Eva-Maria:
Bearded Collie : Expertenrat für den Hundehalter / Eva-Maria Krämer. – Stuttgart : Franckh-Kosmos, 1992
  (Kosmos-Hundebibliothek)
  ISBN 3-440-06377-1

Inhaltlich unveränderter Nachdruck 1998

© 1992, Franckh-Kosmos Verlags-GmbH & Co., Stuttgart
Alle Rechte vorbehalten
ISBN 3-440-06377-1
Lektorat: Angela Wolf
Herstellung: Kirsten Raue
Printed in Czech Republic/
Imprimé en République tchèque
Satz: G. Müller, Heilbronn
Druck und Bindung:
Těšínská Tiskárna, Český Těšín

Zu beziehen bei:
Eva-Maria Krämer
Postfach 22 17
53814 Neunkirchen-Seelscheid
Telefax: 0 22 47 / 7 49 28

Bearded Collie

Gedanken zur Herkunft des Bearded Collie

Meine Bemühungen um die Erforschung der Herkunft des Beardie waren wenig fruchtbar. Niemand hielt es für nötig, als die Kunst des Lesens und Schreibens nur einigen wenigen Privilegierten vorbehalten war, über das »Handwerkszeug« der einfachsten Menschen, der Schäfer und Viehzüchter, Aufzeichnungen für die Nachwelt zu erstellen.

Auch der Name bietet keine Anhaltspunkte. Bearded (gesprochen »bierdid«) bedeutet lediglich »bärtig« und weist darauf hin, daß es sich um eine rauh- oder zotthaarige Rasse handelt. So bleibt uns nichts anderes als Spekulation oder ein kurzer Blick in die Historie der Region, aus der er stammt: Schottland.

Nachdem die letzte Eiszeit zu Ende war, Pflanzen und Tiere Fuß faßten, zog der Mensch in den Norden der britischen Insel. Die Einwanderer kamen aus ganz Europa, von Spanien, Frankreich, Deutschland, den Niederlanden und Skandinavien; zuerst als Jäger und Sammler, die mit ihren Booten die großen Flüsse hinauffuhren. Etwa 4500 v. Chr. kamen die ersten Bauern vom Festland. Balten siedelten bei Oban im Nordwesten, ehemalige Bewohner des Mittelmeerraumes ließen sich weiter im Süden Schottlands nieder.

Im letzten Jahrtausend v. Chr. kamen die Kelten. Sie betrieben Akkerbau in den fruchtbaren Regionen und züchteten in den kargen Gebirgsregionen Vieh. Später interessierten sich die Römer für Schottland, um dort Sklaven zu erbeuten. Pikten, über die man kaum etwas weiß, und Skoten, die von Irland herüberkamen, waren gefürchtete, kriegerische Stämme. Überpopulation zwang die Norweger, nach neuem Siedlungsgrund zu suchen, und sie fanden die nordschottischen Inseln geeignet, aber sie bedrohten das Reich der Pikten auch weiter südlich auf dem Festland. Schließlich beherrschten sie den Nordwesten Schottlands.

Um 1100 n. Chr. gab es im Osten und Süden Schottlands eine friedliche, wohlhabende Zeit. Flämische Siedler wurden eingeladen, das fruchtbare Land zu kultivieren. Der internationale Handel blühte, und viele Einwohner Aberdeens sprachen Französisch oder Flämisch.

Im 14. Jh. entwickelte sich das Clanwesen (Clan = Familie) im Hochland. Haupteinkommensquelle der Highlander war die Viehzucht. Für den Eigenbedarf hielten sie ein paar Schafe und halbwilde Ziegen. Das Leben war armselig, aber die Geborgenheit im Clan sicherte das Überleben auf wenigem, aber ausreichendem Pachtland. Dafür opferte man die Söhne in den kriegerischen Streitereien der Clans untereinander, denn der Reichtum eines Clans lag in der Anzahl seiner streitfähigen Männer.

Mit der Eroberung Schottlands durch die Engländer (abgeschlossen durch die Schlacht von Culloden 1746) begann die grausamste Zeit für die Schotten. Das Clanwesen wurde zerschlagen, und die schottischen Großgrundbesitzer, die ehemaligen Clanchieftains (Häuptlinge), kümmerten sich nicht mehr um das Wohlergehen ihrer Pächter. Sie zogen ein luxuriöses Leben im Süden Schottlands oder gar in England vor und erpreßten von ihren Leuten immer mehr Geld. Viele Schotten waren gezwungen, nach Amerika auszuwandern.

Schließlich erkannte man, daß mit der Schafzucht aus dem Land das meiste Geld zu holen war. Die Viehzüchter wurden gewaltsam vertrieben, das kleine schottische Schaf, das wenig Ertrag brachte, durch das Cheviot-Schaf aus England ersetzt. Land, das einst acht oder neun Familien Lebensunterhalt bot, wurde nun von einem einzigen, aus dem Süden angereisten Schäfer mit seinen Hunden bewirtschaftet.

Bis heute hat sich daran wenig geändert, allerdings mußten in weiten Gebieten die Schafe den Hirschen weichen, die ihren reichen Eigentümern aus aller Welt fröhliches Jagen ermöglichen.

Aus den einstigen Viehweiden wurden mit der Zeit magere, saure Wiesen, die selbst die Schafe nur noch mit Mühe ernähren. Im Gegensatz zu den Rindern, die alles fressen und damit eine wichtige Funktion als Landschaftspfleger haben (man erinnert sich jetzt wieder daran; Angus- und Hochlandrinder sehen einer neuen Blütezeit entgegen!), fressen Schafe vorzugsweise das feine Gras. Als Folge wuchern bald derbe Pflanzen, und der Boden versauert.

Dieser kurze Ausflug in die Geschichte Schottlands soll uns zeigen, daß viele verschiedene Völker dort siedelten. Ganz sicher brachten sie alle ihre Hunde mit. Aber es gibt keine Überlieferungen, wie sie aussahen oder welche Aufgaben sie erfüllten.

Für den Highlander spielte der zottige Deerhound stets eine wichtige Rolle. Er wurde in Gedichten und Legenden verherrlicht. Mit den Schäfern aus dem flachen Süden Schottlands und aus England zogen die Collies. Ohne sie wäre es gar nicht möglich gewesen, die vielen Schafe zu kontrollieren.

Mit den Schäfern kamen auch die Fuchsjäger mit ihren Terriern. Die zahlreichen sogenannten Cairns, eiszeitliche Geröllhalden, dienen den Füchsen als uneinnehmbare Wohnburgen. Die Füchse haben sich in Schottland überdies darauf spezialisiert, ihre Welpen so pünktlich zu werfen, daß sie genau dann selbständig zu fressen beginnen, wenn die Schafe lammen und somit leichte Beute im Überfluß vorhanden ist. Die Terrier haben heute noch die Aufgabe, die Füchse im Bau zu töten oder nach draußen zu treiben, wo der Jäger auf sie wartet.

BEWICK, der 1790 in seinem Buch »British Quadrupeds« ausführlich über die Hunde schreibt und sie auch abbildet, erwähnt keinen zotthaarigen Schäferhund. Er beschreibt und zeichnet einen typischen Border Collie als Schäferhund, der »in höchster

Reinheit im nördlichen Schottland vorkommt«. »Coally« nennt er den im Norden Englands vorkommenden Cur Dog, einen Bauern- und Viehtreiberhund mit kurzem Fell, angeborener Stummelrute und schwarzweißer Farbe.

Über den Schottischen Hochland-Windhund oder Wolfshund (heute Deerhound) sagt er: »Er wurde früher von den Häuptlingen auf ihren großen Jagdparties eingesetzt. Vor Jahren sah ich einen, er war groß, stark und blickte grimmig drein. Er hatte Hängeohren, die Augen waren halb von Haar bedeckt, der Körper war kräftig und muskulös, bedeckt mit harschem, drahtigem, rötlichem mit weiß gemischtem Fell.«

Mrs. G. O. WILLISON beschreibt in ihrem Buch »The Bearded Collie« 1971, daß um 1514 die Polen eine rege Handelsbeziehung mit Schottland begannen. Eine Überlieferung besagt, daß Weizen gegen schottische Schafe eingetauscht wurde. Um die Schafe zu kontrollieren, hatten die Polen ihre Hunde, die Polnischen Niederungshütehunde, mitgebracht. Die schottischen Schäfer, die die Hunde beim Einschiffen der Schafe beobachtet hatten, waren so begeistert, daß sie extra noch einen wertvollen Bock gegen ein Pärchen dieser PONs eintauschten.

Daß diese Hunde einen wesentlichen Einfluß gehabt haben könnten, wird von vielen Beardie-Historikern bezweifelt. Doch ich halte diese Theorie für gar nicht so abwegig. Gute Hunde werden heute noch in Schottland unter den Schäfern gehandelt, und man scheut auch nicht vor größeren Entfernungen zurück, um an einen guten Hund zu kommen.

Damals war der Haupterwerbszweig noch die Viehzucht. Wir wissen, daß der PON ein recht derber, durchsetzungsfähiger Hütehund ist, der durchaus mit Vieh umgehen kann. Auf den Märkten kamen die Bauern von weither zusammen, und sicherlich hat man mit den guten Hunden damals schon so geprahlt, wie man es heute noch tut. Welpen und Rüden mögen durchaus begehrt gewesen sein, so daß der zotthaarige Typ verbreitet wurde.

Durchaus möglich ist auch die Einkreuzung des Deerhound, denn er war zweifellos der ausdauernde Läufer, an Klima und Gelände bestens angepaßt. Noch bis vor gut 100 Jahren, als die Rassezucht begann, war es üblich, die verschiedensten Hunderassen zu kreuzen, um bestimmte Eigenschaften bei den Nachkommen zu festigen.

Doch vielleicht gab es schon einen zotthaarigen Hütehund, den die ersten Siedler mit ihren Schafen aus Europa mitgebracht hatten. Denn bearded-collie-artige Schäferhunde finden wir überall in der alten Welt. Zu ihnen gehören der holländische Schapendoes, der deutsche Schafpudel, der Puli Ungarns, der bei der Herde durchaus nicht das attraktive, bodenlange Schnürenfell entwickelt, der Bergamasker Norditaliens, die Pyrenäenschäferhunde Frankreichs und Spaniens, der schon erwähnte Polnische Niederungshütehund und letztlich der Tibet Terrier aus dem Himalaja. Dem Beardie am ähnlichsten ist der Cao da Serra de Aires, der portugiesische Schäferhund. Er zeigt heute noch die früher beim Beardie häufige schwarz-markenfarbige Zeichnung ohne weiße Abzeichen.

Mit den skandinavischen Völkern dürften zotthaarige Hunde kaum ein-

Auch wenn sie gemeinsame Vorfahren haben, so haben sich Bobtail und Bearded Collie heute weit voneinander entfernt.

gewandert sein, denn die typischen Hunde Nordeuropas und Nordasiens sind Spitztypen mit harschem, stockhaarigem Fell, kurz behaartem Fang und den charakteristischen kleinen, spitzen Stehohren – bestens ausgerüstet für einen schneereichen, langen Winter im Norden. Der ursprüngliche Lebensraum der Schafe und zotthaarigen Hunde war aber trockenes Gebiet mit extremen Temperaturstürzen.

Vielmehr stimmt das Verbreitungsgebiet zotthaariger Hunde mit dem der Kelten überein. Sie waren Viehzüchter und zogen sich – verdrängt durch in Großbritannien einfallende Völker – aus den fruchtbaren Gebieten im Osten weiter in die gebirgigen, kargen Gebiete des Westens (Schottisches Hochland, Wales und Cornwall) zurück. Vielleicht zeugen

davon neben der gälischen Sprache auch die zotthaarigen Hunde?

In Schottland kennen wir den Hairy Mou'ed oder Mountain Collie, in Wales den rauhhaarigen Welsh Grey, der leider ausgestorben ist, und in der südwestlichsten Spitze Englands den Bobtail. Erst in jüngster Zeit teilten sich die Rassen auf. Noch in den 20er Jahren dieses Jahrhunderts gab es in Südwestengland zahlreiche zotthaarige, stark Beardie-ähnliche Hütehunde, die Bobtails genannt wurden, obwohl die meisten eine lange Rute hatten!

Der »moderne« Old English Sheepdog und der Bearded Collie sind sicherlich gemeinsamen Ursprungs. Natürlich hatten sie nicht das üppige Fell, das sie heute zu Salonlöwen werden ließ. Dennoch ist es der beste Beweis ihrer Herkunft aus Steppenregionen. Dort hätte sich das Fell verzottet, wie wir es beim Komondor kennen: Absterbendes und neues Haar verbindet sich zu langen Zotten oder Platten, die einen dichten Panzer bilden, lediglich aufgerissen dort, wo es die Bewegungsfreiheit des Hundes erfordert. Der Panzer bot Schutz vor extremer Sonneneinstrahlung, Wind, Sandstürmen und den Bissen der herdenbedrohenden Raubtiere.

In der neuen Heimat, den eher kalt-feuchten Britischen Inseln, wäre dieser Fellpanzer allerdings ständig feucht und schmutzig und würde den Hund bei der Arbeit behindern. Im Gegensatz zum Steppenhund, der tagsüber ruht und nachts wacht, erforderte der neue Lebensraum einen beweglicheren, lauffreudigen Hund zum Treiben des kleinen, behenden Bergviehs. Man behalf sich und schor die Hunde regelmäßig. Man tut es heute noch bei jeder Schafschur. Daher sind auf alten Darstellungen nur mehr oder weniger lang-rauhhaarige Hunde zu sehen.

Es ist nicht nur die Zuchtauslese auf Schauhunde, die heute überaus langbehaarte Hunde hervorbringt. So zeigten schon einige der ersten Bearded Collies und Bobtails, die nicht mehr bei der Herde arbeiteten, ein überreiches Haarkleid. Das fand man offenbar schön und zog solche Hunde den von Natur aus spärlicher behaarten Tieren vor. Natürlich duldete niemand, daß sich das Fell zu langen Zotten oder Platten zusammenfilzte, denn die Tiere wurden gepflegt, gebadet und gebürstet. Auch fördert eine bessere Ernährung einen reicheren Haarwuchs.

Der Viehtreiberhund

Viele Jahrhunderte lang spielte die Viehzucht in den für Ackerbau nicht nutzbaren Gebieten, insbesondere den Bergregionen, für die britische Volkswirtschaft eine maßgebliche Rolle. Frischfleisch konnte damals nur auf den Markt gelangen, wenn es zu Fuß dorthin gebracht wurde, denn Eisenbahnen und Kühltransporte gab es noch nicht. Die städtischen Metropolen brauchten viel Fleisch. Das aber wuchs Hunderte von Kilometern entfernt heran: in Schottland, Wales und im äußersten Südwesten.

Vornehmlich züchtete man dort kleine, wendige, halbwilde Rinder, die die Hunde im Frühjahr von den Bergen zu Tal trieben und in riesigen Herden zusammenführten. Der lange Treck konnte beginnen. Heute noch kann man die gepflasterten »Droves« in der Landschaft erkennen. Damit sich die Tiere auf dem langen Weg (bis zu 750 km!) nicht die Hufe abnutzten, bekamen sie kleine Hufschuhe aus Eisen angezogen. Auf diesen Trecks zogen aber auch Schafe, Pferde, Schweine und Gänse mit. Die zarten Gänsefüßchen wurden geteert und in Sand getaucht, um ihnen eine haltbarere Sohle zu geben.

Die sog. »Drover«-Viehtreiber arbeiteten mit zwei bis drei Hunden pro Herde, die aus 50 bis 60 Tieren bestand. Man legte am Tag 20 bis 30 km zurück. Hunderttausende von Tieren wurden im Laufe der Zeit auf diesem Wege transportiert. Man stelle sich die Arbeit der Hunde vor, die das Vieh in gleichmäßigem Tempo (Zeit kostete Geld und unnötige Eile fettes Fleisch) durch unwegsames Gelände, Bäche und Flüsse (gelegentlich mußte das Vieh auf Fähren getrieben werden), Ackerland und Dörfer sicher führen mußten. Möglichst wenige Tiere durften verlorengehen, und das Vieh sollte möglichst wenig Schaden während des Triebs anrichten.

Logischerweise nahmen die Drover Hunde mit, die mit dem Vieh aufgewachsen und es gewohnt waren, mit diesen Rindern umzugehen. Am Ziel angelangt, durften sich die Herden nach dem langen, zehrenden Marsch vor dem Verkauf erholen und Gewicht aufbauen. War das Vieh dann endlich verkauft, genossen die Treiber ausgiebig ihren Reichtum, ehe sie nach Hause aufbrachen. Vorher schickten sie die Hunde alleine heim, für die sie nun keine Verwendung mehr hatten. Die Hunde rasteten in den gleichen Gasthöfen, auf denen sie beim Viehtrieb übernachtet hatten und wo der Viehtreiber für die Fütterung und Unterkunft seiner Hunde bezahlte. Wen wundert es noch, daß es überall entlang der großen Treibrouten zotthaarige Hunde gab? Schließlich werden die Hunde neben der Arbeit auch ihr Vergnügen wahrgenommen haben. Möglicherweise ließen Hündinnen Welpen auf dem Wege zurück, oder Rüden bändelten mit den ansässigen Hündinnen an, ehe sie weiterzogen.

Auch so manches Techtelmechtel auf den großen Viehmärkten, wo man sich aus allen Viehzuchtregionen traf, dürfte Folgen gehabt haben. Sicherlich handelte hin und wieder ein schottischer Treiber einem Kollegen aus Wales oder Cornwall einen guten Hund ab, wenn er Ersatz brauchte, und umgekehrt. Eine Vermischung der Schläge aus dem Südwesten, dem Westen und Nordwesten ist sehr

wahrscheinlich. Es ist demnach müßig, darüber zu streiten, wer von wem abstammt.

Tatsache ist, daß bis vor rund 100 Jahren, als die Rassehundezucht begann, alle möglichen Hundetypen gekreuzt wurden, um einen bestimmten Zweck zu erfüllen. Bestimmte erwünschte Eigenschaften mögen genetisch an bestimmte äußerliche Erscheinungsformen geknüpft sein, z. B. das zottige Fell an besondere Ausdauer und Durchsetzungsfähigkeit gegenüber dem Vieh. Die Auslese erfolgte demnach so: »Aha, ein zotthaariger Welpe im Wurf; dann muß er ja ein guter Viehhund sein. Laßt uns diesen aufziehen.«

Ein historisches Objekt, um das sich die Bobtail- und Beardiefreunde streiten, ist das 1771 entstandene Gemälde von GAINSBOROUGH, auf dem der HERZOG VON BUCCLEUCH einen

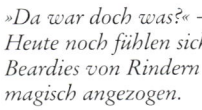

»Da war doch was?« – Heute noch fühlen sich Beardies von Rindern magisch angezogen.

mittelgroßen, zottigen Hund im Arm hält. Für einen Bobtail ist der Hund einfach zu klein, für einen Terrier (selbst dort möchte man ihn als Vorfahren sehen) sind die Läufe meiner Meinung nach zu lang. Der Beardie paßt eigentlich am besten zu dem Bild, aber vielleicht war es auch nur ein Mischlingshund unbekannter Herkunft, den der Herzog ins Herz geschlossen hatte.

Ein weiterer Zankapfel ist die so typische Darstellung auf dem herrlichen Gemälde von PHILIP REINAGLE (1749–1833). Obwohl die Bobtail-Historiker diesen Hund als Vorfahren für ihre Rasse beanspruchen, spricht der typisch schottische Hintergrund eher für den Bearded Collie, denn REINAGLE setzte die Hunde auf seinen Gemälden immer in die für sie typische Landschaft. 1803 wird ein Holzschnitt dieses Gemäldes im »Sportsman's Cabinet« veröffentlicht, das Gemälde selbst muß also früher entstanden sein.

Um diese Zeit herum entdeckte die Kunst das Alltagsleben, Land und Leute. Häufig finden wir Darstellungen ländlicher Szenen, auf denen bearded-collie-ähnliche Hunde abgebildet sind. Sie wurden als Teil der Szene mitgemalt, weil sie immer dabei waren. Bewußt war man sich dieser Hunde nicht, so daß sie keine Erwähnung finden, weder im Titel der Bilder noch in den Hintergrundinformationen über die Darstellungen.

Zweifellos ist der Bearded Collie ein Nachkomme des alten Viehtreiberhundes und kein typischer Schafhund wie der Border Collie. Natürlich sind die Übergänge fließend und die Hunde anpassungsfähig, wenn auch ihre Stärken nach wie vor in unterschiedlichen Bereichen liegen. So gibt es Border Collies, die hervorragend mit Vieh umgehen können, und seit der Vertreibung der Viehzüchter aus Schottland wurde der Beardie für die Arbeit mit den Schafen benutzt.

Der Alltag eines schottischen Hütehundes

Schäfer mit Bearded Collie, eine alte Postkarte vom Anfang des 20. Jahrhunderts.

Verständnis für Eigenarten einer Hunderasse bekommt man erst, wenn man weiß, welchen Zweck sie ursprünglich erfüllte, denn die Arbeit eines Hundes bestimmt seine Lebensweise und prägt im Laufe der Generationen seinen Charakter.

Die Auslese galt allein der Leistungsfähigkeit. Natürlich bevorzugte man immer einen Hund, der die Veranlagung für seine Aufgaben in sich trug, denn sie zu wecken und zu fördern ist wesentlich einfacher, als sie einem Hund beizubringen, der sie von Hause aus nicht mitbringt.

Leider sah ich bei meinen Schottlandreisen nie einen Bearded Collie bei den Schafen. In meinen zahlreichen Gesprächen mit den Schäfern er-

fuhr ich jedoch, daß es ihn nach wie vor gebe, er aber nur schwer zu bekommen sei, denn der moderne Bearded Collie mit seinem langen Fell sei für die Arbeit absolut untauglich. Er sei ständig schmutzig und feucht, leide unter Parasiten und sei krankheitsanfällig.

Die Hunde, die noch arbeiteten, hatten entweder noch das ursprüngliche, eher rauh-derbe Fell oder sie wurden im Sommer geschoren, was natürlich auch die Wetterbeständigkeit der Hunde stark minderte.

Aus diesem Grunde hatte ein uns befreundeter Schäfer seine beste Border-Collie-Hündin, eine blue merle, mit dem Beardie eines Freundes gepaart. Mit dem wie ein Border behaarten, ebenfalls blue-merle-farbenen Hund »Myrt« erhoffte er sich die positiven Eigenschaften des Beardie mit denen des Border zu verbinden. Er war mit der Entwicklung um den Border Collie nicht sehr glücklich, da er für seine spezielle Arbeit den geduckten, auf Auge arbeitenden Hund nicht brauchen konnte.

Die populäre Fernsehserie »One Man and His Dog« (die den Hütewettbewerben gewidmet ist, die mit der praktischen Arbeit wenig gemein haben), das Streben nach Hütechampionnachwuchs und die Aussicht auf den lukrativen Verkauf eines erfolgreichen Wettbewerbshundes haben der praktischen Leistungsfähigkeit des Border Collie, insbesondere in der schwierigen Region Nordwestschottlands, schon Abbruch getan.

Dem bereits erwähnten Schäfer wäre die ursprüngliche, weniger geduckte, mit den Augen fixierende Arbeitsweise oder die des Beardie lieber. So versucht er nun, zwei Fliegen mit einer Klappe zu schlagen. Als er mit Myrt zu den Schafen ging, weil ich ein paar Aufnahmen machen wollte, war er sehr überrascht, daß der erst sechs Monate alte Hund ohne jegliche Erfahrung sofort Arbeitseifer und Geschick zeigte.

Sehen wir uns den Alltag eines schottischen Hütehundes an, um zu verstehen, wo seine Aufgaben liegen.

Heute gehört der größte Teil Schottlands einigen wenigen, sehr reichen Leuten, die ihr Land nur besuchen, um Hirsche oder Moorhühner zu jagen oder Lachse zu fangen. Das Land wird an die sog. Crofter (Kleinbauern) verpachtet. Einige Großgrundbesitzer betreiben noch in großem Rahmen die Schafzucht.

Das ursprüngliche schottische Hochlandschaf war klein, hatte eine rauhe Wolle und zeichnete sich durch 4 oder 6 Hörner aus. Es gab weder viel Wolle, noch lieferte es Fleisch von Bedeutung. Deshalb führte man in großem Stil aus der Grenzregion zwischen Schottland und England, den Borders, das Cheviot-Schaf ein. Es paßte sich hervorragend an die kargen Weiden und das rauhe, feuchte Klima an. Mit den Schafen kamen auch die Hunde, die Border Collies. Der alte Bearded oder Highland Collie überlebte nur hie und da, wo man seine Fähigkeiten von seiner Zeit als Treibhund her noch zu schätzen wußte.

Bereisen wir Schottland, so stellen wir fest, daß es dort keine Schafherden gibt, bei denen sich ein Schäfer, auf den Stock gestützt, mit einem Hund an der Leine und einem bei der Herde, das uns vertraute idyllische Bild (bei schönem Wetter, bitte!) abgibt. Im Norden gibt es auch keine Koppelschafhaltung wie in den Lowlands, den flachen, südlichen Regionen, oder an der Ostküste Schottlands.

Im schottischen Hochland tummeln sich die Schafe in kleinen Trüppchen, meist zwei oder drei mit Lämmern, ziemlich weit voneinander entfernt in Heide oder Mooren. Kein Mensch weit und breit. Oft liegen sie geruhsam wiederkäuend auf der Straße oder am Straßenrand. Es kommt gelegentlich vor, daß ein unachtsamer Autofahrer ein Schaf anfährt. Die Farmer sind wütend und schieben dies den praxisfremden Straßenplanern in die Schuhe: Sie haben nämlich entlang der ausgebauten Straßen einen hübschen Streifen Rasen anlegen lassen – süßes Gras, das auf dem sauren schottischen Boden sonst nirgendwo wächst, und das die Schafe so lieben!

Diese halbwild lebenden Schafe sind scheu und immer auf Distanz und Flucht bedacht. Weidezäune gibt es nur, wo keine natürlichen Grenzen wie Flüsse und Seen die oft einige Quadratkilometer großen Flächen umfrieden. Gelegentlich behilft man sich mit einem Steinwall. Es gibt Nebenberufs- und professionelle Schäfer. Erstere gehen einem Beruf nach und betreiben die Schafzucht in ihrer Freizeit.

Die Schafe mehrerer Crofter weiden gemeinsam und werden auch gemeinsam betreut. Um sie auseinanderhalten zu können, werden sie farblich gekennzeichnet. Die Schafe sind weitgehend sich selbst überlassen. Zur Lammzeit holt man sie auf nahe den Häusern gelegene Weiden, um schneller helfend eingreifen zu können, wenn nötig.

Die Crofter besitzen alle einen oder mehrere Border Collies, die in der Familie leben und deren größte Freude es ist, wenn abends Herrchen mit ihnen hinauszieht, um nach den Schafen zu sehen. Die Crofter brauchen einen Hund, der alles kann: Schafe zusammentreiben und am Pferch dirigieren. Da sich alle mit ihren Hunden zusammentun, arbeitet jeder Hund nach seinen Fähigkeiten, und es besteht keine Notwendigkeit, spezielle Hunde für spezielle Zwecke zu halten.

Etwas anders sieht es beim professionellen Schäfer aus. Er ist Angestellter des Landeigentümers und betreut riesige Flächen mit einer großen Anzahl von Schafen. Er ist ständig auf den Beinen, um seine Tiere zu beobachten. Er zieht mit einem Fernglas ausgerüstet ins Gelände und sieht nach, ob irgendwo ein Schaf Probleme hat, humpelt, kränklich wirkt usw. Der Hund ist immer bei Fuß und hat die Aufgabe, ein bestimmtes Stück heranzuholen, wenn der Schäfer es will. Er besitzt natürlich mehrere Hunde, und davon sind einige spezialisiert; z. B. eine sanftere, weißgescheckte Hündin, die es besonders gut versteht, mit der Herde verwaister Lämmer umzugehen, die beim Haus aufwächst. Oder der starke Rüde, der energisch die widerspenstigen Jungtiere eintreibt.

Der Jahresablauf des Schäfers beginnt im April, wenn die Lämmer geworfen werden. Wurden sie am Haus geboren, dürfen die Muttertiere mit ihrer Kinderschar bald frei ins Gelände zurück. Im Juni werden sie wieder zu den Pferchen getrieben, weil die Lämmer markiert und die männlichen Tiere kastriert werden. Später werden die männlichen Lämmer zum Verkauf aussortiert, dann die Schafe ins Desinfektionsbad getrieben (dipping) und noch später im Jahr geschoren. Zu solchen Anlässen werden die Schafe aus den Bergen in die Täler und dort als große Herde in die Pferche getrieben, wo sie entsprechend behandelt werden.

Während der Border Collie mehr Geschick im Umgang mit einzelnen Schafen und bei der Feinarbeit mit der Herde am Pferch hat, ist es die Aufgabe des Bearded Collie, die Schafe zügig von den Bergen zu treiben. Da der moderne Beardie dieser Aufgabe nicht mehr gewachsen zu sein scheint, geht man heute so weit, aus Neuseeland sog. »Huntaways« einzuführen. Dennoch gibt es einige wenige Schäfer, die am altmodischen Bearded Collie festhalten.

Ein Huntaway läuft frei auf die

*Rast in der Blumen-
wiese.*

Hügelhöhen und treibt von dort aus mit viel Gebell und Nachdruck die Schafe zu Tal. Er jagt sie förmlich davon, daher der Ausdruck Huntaway (Wegjäger). Mutterschafe mit Lämmern wenden sich oft zum Schutze ihrer Kleinen gegen den Hund, so daß dieser auch mal zupacken muß, um das Schaf dazu zu bewegen, sein Versteck aufzugeben und zur Herde zu laufen. Ein Hund ersetzt 20 Mann, so schätzen die Schäfer. Viele Kilometer rast und tobt er, rennt trittsicher über Geröll und Steine, springt über Bäche, klettert auf Felsen, überwindet nasse Moore und durchstreift dorniges Gestrüpp. Der Hund braucht starke Knochen und beanspruchbare Sehnen und Gelenke, jedoch darf er nicht schwerfällig sein, sondern er muß geschickt, wendig, schnell und unerhört ausdauernd sein. Und das bei anhaltendem, lautem Gebell – stundenlang, tagelang, weit entfernt von seinem Herrn, auf dessen Hilfe er nicht rechnen kann.

Erkennen Sie Ihren Bearded Collie wieder? Vielleicht finden Sie seine Eigenarten nicht immer bequem, auch wenn sie zum Rassebild gehören. So weit ist unser Beardie noch nicht von seinen arbeitenden Vorfahren entfernt. Gerade das aber macht seinen Charme aus.

3

Der moderne Bearded Collie

Rechte Seite oben: Ein Bearded Collie Ende des 19. Jahrhunderts: »Jock«, im Besitz von Mrs. J. Panmure Gordon (Maxtee, The Collie, 1923).

Der Stich »Scotch Colly« aus Jesse's »Anecdotes of Dogs« (1846).

In der Literatur des 19. Jh. wird der Bearded Collie im Zusammenhang mit dem Show- oder Border Collie häufiger erwähnt. 1847 finden wir in JESSE's »Anecdotes of Dogs« einen Stich mit der Unterschrift »Scotch Colly«, das einen typischen Bearded Collie darstellt.

1878 wird ein Brief eines Mr. GLENLIVET aus dem Live Stock Journal veröffentlicht, das den »rough coated« Colley (rauhhaarigen Collie) beschreibt, allerdings mit Stummelrute. Der Hund wird damals schon als selten geschildert und sei nicht reinrassig im Norden Schottlands zu finden. Aufgrund der Ähnlichkeit mit den zotthaarigen Rindern und deren Widerstandsfähigkeit im feuchtkalten

Klima stehe jedoch seine schottische Herkunft außer Zweifel. GLENLIVET betont, daß sich der Hund im Schnee wohlfühlt und weniger zum Kaminfeuer strebt als der Border Collie.

1879 veröffentlicht VERO SHAW sein hervorragendes Werk über Hunde, »The Illustrated Book of the Dog«. Er zitiert zwar das zuvor Geschriebene, weist einem bärtigen Collie aber kaum Bedeutung zu. In nachfolgenden Hundebüchern findet man zumeist Abgeschriebenes und keine neuen Erkenntnisse. Auch THOMAS GRAY gibt in seinem berühmten Buch »The Dogs of Scotland« (1891) nur den Brief von Mr. GLENLIVET ausführlich wieder.

Da GRAY bei allen Rassen einen Standard veröffentlichte, stellte er auch einen für den Beardie auf, da es noch keinen offiziellen gab. Er sagt, daß der Bearded Collie nirgendwo in Schottland häufig anzutreffen sei, aber die Klassen auf den Ausstellungen in Glasgow und andernorts gut bestückt seien mit guten Hunden. Sein Standard lautet übersetzt:

Schädel: flach, breit und ziemlich schwer über den Augen, bedeckt mit langem Haar und von harter Beschaffenheit.

Fang: schwer, mittellang, sich zur schwarzen Nase hin leicht verjüngend.

Läufe: gerade Vorderläufe mit starken Knochen und Muskeln, reich behaart mit langem Haar, auch die Hinterläufe reich behaart.

Pfoten: oval, Zehen gewölbt und dicht, Ballen gut gepolstert.

Körper: eher kurz und kompakter als beim üblichen Collie; Brust tief und breit, Rippen gut gewölbt. Es darf keinerlei Anzeichen von abfallenden Hinterläufen (Kruppe) geben.

Rute: mäßig lang, buschig, tief getragen.

Fell: sehr dicht, hartes und drahtiges Deckhaar mit einer Tendenz zur

Rechts: »Ellwyn Garrie«, der Bearded Collie von Mr. J. Dalgliesh (aus Cassell's »New Book of the Dog«).

Ein historisches Foto aus Cassell's »New Book of the Dog« von Leighton, London 1907: Lord Arthur Cecil's Bearded Collie »Ben«, fotografiert von C. Reid, Wishaw.

Augen: mäßig rund, die Farbe entsprechend der Fellfarbe. Porzellanauge (damit meint man ein weißes oder blaues oder geflecktes Auge) ist eine Besonderheit bei der Merle-Farbe, aber allgemein sieht man das dunkelbraune Auge. Helle, gelbe Augen sind abzulehnen.

Ohren: hängend, mittelgroß, gut mit Haar bedeckt und dicht am Kopf getragen.

Nacken: mittellang, dick, gut mit Haar bedeckt; Brust sehr tief, Schultern schräg.

Wellenbildung oder Locke. Unterwolle kurz, weich und dicht.

Allgemeine Erscheinung: Großer, rauhhaariger, schwerfällig wirkender Hund mit ziemlich großem Kopf, verschlafenem Blick und einer seltsamen Bewegung beim Rennen.

Mir erscheint das eher wie die Beschreibung eines unkuppierten Bobtails!

Die nächste ausführlichere Beschreibung finden wir erst wieder in ROBERT LEIGHTONS »The New Book of the Dog« (1907). Hier schreibt der Kenner der Rasse und

selbst Bearded-Collie-Züchter JAMES DALGLIESH das Kapitel über die Schäferhunde, u.a.: »Dann gibt es noch den schottischen bärtigen oder Highland Collie, weniger beliebt bei den Schäfern, ein robust aussehender Hund, aber sanft im Wesen, viele von ihnen sind bessere Vieh- als Schäferhunde. Er und der Old English Sheepdog sehen sich sehr ähnlich, aber der Bearded Collie ist eleganter, dessen Kopf eher an den des Dandie Dinmont Terriers als den des Bobtails erinnert. Der starkknochige Bearded Collie steht die harte Tagesarbeit durch, ist aber nicht so stabil und klug wie die altmodische schwarz-weiße oder sogar die kurzhaarige Varietät. Er wird bevorzugt von Metzgern und Viehhändlern, die gelegentlich mit einer Herde widerspenstigen Viehs fertigwerden müssen, und er eignet sich sehr gut für den rauhen, felsigen Untergrund, da er beweglich und trittsicher wie eine wilde Ziege ist. Er hält Kälte und Nässe ohne Unbehagen aus und kann in den Bergen der Highlands überleben, wo weniger widerstandsfähige Tiere eingingen. Das Leben im Freien gewöhnt, neigt er weniger zu Rheuma als andere. Seine schweren, kräftigen Glieder, der kurze, dicke Nacken, die kräftigen Schultern und die dicke Haut sind charakteristisch für alle Tiere, die Gebirge bewohnen, und er besitzt die wilde Erhabenheit des schottischen Deerhound oder des Otterhound, mit denen er gekreuzt sein könnte.«

DALGLIESH schreibt, daß Preise für die besten Beardies im Besitze der Schäfer auf den jährlich stattfindenden landwirtschaftlichen Ausstellungen gestellt wurden und die Klassen auch gut besetzt waren. Besonderes Augenmerk werde beim Richten auf gute Läufe und Pfoten, Knochen, Körper und Fell gerichtet, während der Kopf weniger wichtig sei. Gangwerk, Größe und Allgemeinerscheinung hätten dagegen viel Gewicht. Die Farbe variiere, cremefarbene Tiere seien nicht selten, auch Schneeweiß mit orangefarbenen oder schwarzen Abzeichen könne man oft sehen, doch die beliebteste Farbe sei Grau. Leider sei das Fell vieler Hunde viel zu weich, oft fehle die Unterwolle.

DALGLIESH fährt fort: »Man sagt, der Beardie neige nicht zum Wildern und daß er während der Arbeit Wild keine Beachtung schenkt. Ich finde, daß das nicht stimmt. Sobald er lernt, einen Hasen oder ein Kaninchen aufzujagen, und wenn er einmal von sich aus angefangen hat zu hetzen, dann tut er in vielen Fällen nichts anderes mehr.« Abgebildet sind zwei Bearded Collies, wovon einer, Ellwyn Garrie, ein erfolgreicher Ausstellungshund war (auf dem Foto leider abgehaart und nicht seinem eigentlichen Aussehen entsprechend).

1936 erscheint ein Sammelwerk von Zeitschriften, HUTCHINSONS »Popular and Illustrated Dog Encyclopaedia« mit einer ausführlichen Beschreibung und zwei Fotos von Bearded Collies aus dem Besitz von Mrs. CAMERON MILLER.

1947 schreibt CLIFFORD HUBBARD in seinem »Working Dogs of the World«, daß der Beardie selbst in Schottland selten sei und nur noch wenige Exemplare zu finden seien. Auch er erwähnt die Fähigkeit des Beardies bei der Arbeit mit Rindern. Allerdings werde die Zucht so vernachlässigt, daß die Rasse beinahe als ausgestorben gelten dürfte. Jedoch fände man die besten Exemplare noch immer bei der Arbeit mit den Herden, eher als unter denjenigen, die auf Ausstellungen paradieren. HUBBARD gibt die Größe mit 57,5 cm an und bemerkt, daß viele Hunde kleiner seien. Er verweist auch auf den rauhhaarigen Welsh Grey. Er gilt heute als ausgestorben, aber es ist durchaus denkbar, daß er beim Zuchtaufbau des Bearded Collie in ihm aufgegangen ist.

Der Bearded Collie war demnach eine bekannte, wenn auch selten gesehene Rasse, und obwohl gelegentlich ausgestellt, fand er nicht den Weg in die Modezucht wie der Collie und viele andere ursprüngliche Arbeitshunderassen, als Mitte des 19. Jh. der Ausstellungssport und die Rassehundezucht in Mode kamen.

Die Vieh- und Schafzüchter dachten nicht daran, ihren Arbeitshund irgendwo eintragen zu lassen. Abstammungsnachweise auf dem Papier waren für sie gänzlich bedeutungslos. Auch eine gezielte Zucht unter reinrassigen Gesichtspunkten war unwichtig. Jeder Hund, der gut arbeitete, war ein guter Hund. Oft wurden absichtlich Kreuzungen vorgenommen, um bestimmte Eigenschaften zu fördern. So schien das Schicksal des Bearded Collie besiegelt, die Rasse drohte auszusterben. Um dem entgegenzuwirken, gründete 1912 ein Mr. RUSSELL GREIG einen Bearded Collie Club, doch der 1. Weltkrieg ließ ihn in Vergessenheit geraten. 1923 gab es dann wieder Klassen für Bearded Collies auf Ausstellungen, es wurden auch ein paar Hunde gezeigt, aber das Interesse reichte nicht aus, um einen Club zu gründen.

Eine eifrige Förderin der Rasse war Mrs. CAMERON MILLER, die landauf, landab Zuchtmaterial zusammensuchte und Beardies ausstellte. Zwischen 1929 und 1934 züchtete sie 10 Würfe und ließ 55 Hunde eintragen. Die Fotos ihrer Hunde zeigen große, reich behaarte Exemplare. Nach 1934 schienen die Hunde wie vom Erdboden verschluckt, und da Mrs. MILLER sich zu Lebzeiten nicht von ihren Hunden zu trennen schien und demnach Züchterkollegen wenig Unterstützung zukommen ließ, waren ihre Bemühungen im Sinne der Erhaltung und Förderung der Rasse für künftige Generationen umsonst. Möglicherweise sind ja einige unbekannte Nachkommen in den späteren Zuchtaufbau eingeflossen.

MAJOR LOGAN schreibt in seinem Kapitel über die Beardie-Historie in SUZANNE MOORHOUSES hervorragendem Buch über den Bearded Collie, daß Mrs. CAMERON MILLERS Bemühungen um die Rasse nie genug gewürdigt wurden. Wenn sie überhaupt in der Literatur auftauchte, dann deshalb, weil sie mangels Hündinnen ihre Rüden mit Bobtailhündinnen gepaart haben soll. Er schreibt dazu, daß er nie eine Eintragung mit Hinweis auf Bobtaileinkreuzung gefunden habe und Mrs. CAMERON MILLER sehr wohl einige sehr schöne Beardie-Hündinnen besessen habe, von denen Fotos existieren. 1934 ließ sie ihren letzten Wurf eintragen. Danach folgten noch vereinzelt Eintragungen, eine einzige und letzte 1939.

Der Bearded Collie war damit aus der Rassehundezucht verschwunden, aber ausgestorben war es deshalb noch lange nicht, denn einige wenige Exemplare gingen auch über die schweren Kriegsjahre ihrer Arbeit im schottischen Hochland nach.

Erst 1944 wurde der Bearded Collie wiederentdeckt, und eine steile Karriere nahm ihren Lauf.

Die Wieder-geburt des Bearded Collie

Daß wir heute diese entzückende Rasse überhaupt noch kennen, verdanken wir einem schier unglaublichen Zufall. 1944 bestellte sich eine gewisse Mrs. G. O. WILLISON bei einem Vertreter für landwirtschaftlichen Bedarf einen Sheltie aus einer Leistungszucht. Doch anstelle des erwarteten Minicollies krabbelte ein wonniges, braunes Wollknäuel aus der Kiste. Der vermeintliche Mischling eroberte sich rasch die Herzen der Familie und durfte bleiben.

Als »Jeannie« etwa vier Monate alt war, begegnete Mrs. WILLISON einem alten Schäfer, der in dem Welpen sofort einen Bearded Collie erkannte und ihn ihr unbedingt abkaufen wollte. Viele Jahre später konnte »Jeannie« beim Kennel Club eingetragen werden, nachdem es Mrs. WILLISON gelungen war, die Namen der Eltern ausfindig zu machen. »Jeannie of Bothkennar« ist die allen Beardie-Freunden bekannte und unvergeßliche Stammutter der modernen Bearded Collies.

Begeistert vom Charakter und von der Intelligenz Jeannies, die Schafe, Rinder, Geflügel und Ziegen ohne Ausbildung hütete, sorgte Mrs. WILLISON sich um einen Nachfolger Jeannies. Sie schrieb in ihrem Buch: »Obgleich ich nie Hundezüchter werden wollte, hatte ich das Gefühl, einen Partner für Jeannie finden zu müssen, damit auch in späteren Jahren ein Hund wie Jeannie an meiner Seite weilte. Hätte ich allerdings geahnt, wie viele Tränen, Herzeleid und Enttäuschungen dieses Unterfangen mit sich bringen würde, hätte ich sicherlich nicht den Mut aufgebracht anzufangen.«

Als Beispiel für die vielen Rückschläge, die später noch kommen sollten, führe ich nur die Geschichte des ersten Wurfes von Jeannie an. Als sie zwei Jahre alt war, fand Mrs. WILLISON in der Umgebung einen hübschen Rüden und ließ Jeannie von ihm decken, obwohl ihr gesagt wurde, daß seine Mutter ein Border Collie gewesen war. Da zu diesem Zeitpunkt auch Jeannies Abstammung noch unbekannt war, versuchte sie es, weil ihr der Hund so gut gefiel. Jeannie warf acht Welpen, von denen alle außer einer Hündin typische Bearded Collies waren. Als Mrs. WILLISON von einem Krankenhausaufenthalt zurückkam, hatte die Familie alle verschenkt und ihr nur die Border-Hündin aufgehoben. Da der Vaterrüde zu alt war, konnte der Wurf nicht wiederholt werden.

Mrs. WILLISON suchte mit Zeitungsannoncen und über Presseberichte einen Partner für Jeannie – ohne Erfolg. Mal eben nach Schottland zu

Mrs. Willison und Ch. Beauty Queen of Bothkennar mit den Preiskarten für die Championanwartschaft (CC) und den Rassebesten 1959.

Züchter in Nord-Devon gekauft, beide Eltern gesehen und wußte sein Geburtsdatum sowie den Namen des Vaters. Er war gerade 16½ Monate alt. Ich erzählte ihr von meiner langen Suche nach einem Partner für Jeannie und fragte, ob ich ihn bei der nächsten Hitze verwenden dürfe. Sie meinte, das sei wohl kaum möglich, denn sie sei in die Stadt umgezogen und suche derzeit nach einem guten Heim auf dem Lande für ihn.« – Nun, David hat natürlich ein neues Heim gefunden! Er wurde als »Bailie of Bothkennar« eingetragen. Auf ihn gehen alle Bearded Collies mit Ahnentafel zurück! Mrs. WILLISON versuchte noch, seinen Züchter ausfindig zu machen, aber der war mit all seinen Hunden nach Südafrika ausgewandert.

Der zielstrebigen Arbeit von Mrs. WILLISON ebenso wie der Begeisterung der von ihr animierten Züchter der ersten Stunde sowie deren ständiger Suche nach weiteren Bearded Collies ist es zu verdanken, daß trotz relativ kleiner Zuchtbasis eine heute gesunde und natürlich gebliebene Rasse gezüchtet werden konnte. 1959 wurden die ersten CCs, Anwartschaften für den englischen Championtitel, vergeben. Die Rasse trat aktiv ins Ausstellungsgeschehen ein. 1964 mußte Mrs. WILLISON aus gesundheitlichen Gründen die Zucht aufgeben.

Bis 1972 durften noch Hunde ohne Ahnentafel, von Schäfern gezüchtet, nach sorgfältiger Prüfung in die Zucht einbezogen werden, um zu enge Inzucht zu vermeiden. Obwohl Mrs. WILLISONs Hunde von der Werbung »vermarktet« wurden und sie jeder Brite kannte, dauerte es noch viele Jahre, bis der Bearded Collie wirklich populär wurde. Der Absicht der Wer-

fahren und selbst nach einem Hund zu schauen, war unter den damaligen Verkehrsbedingungen einfach unmöglich. Es waren jedoch die glücklichen Umstände, die Mrs. WILLISON durchhalten ließen. 1949 besuchte sie in Brighton, an der Südküste, eine Hundeschau. Den nächsten Tag verbrachte sie beim Baden am Strand, als sie in der Ferne einen Bearded-Collie-ähnlichen Hund sah. Sie schreibt: »Ich rannte wie ein Hase, und als ich ihn eingeholt hatte, stand ich vor einer wahren Schönheit: grau mit herrlichem harschem Haarkleid. Ich fragte die Passanten nach dem Besitzer, und man deutete auf »die Lady dort drüben«. Ich erkundigte mich sofort nach dem Rüden. Sie hatte ihn bei einem

Stolz präsentiert Brenda White die Beste der Schau und Siegerin der Crufts 1989, Ch. Potterdale Classic of Moonhill.

bemacher entsprechend, hielt man die attraktiven Hunde nämlich für hübsche Mischlinge!

Absoluter Höhepunkt der englischen Bearded-Collie-Zucht war, als 1989 auf der weltberühmten, weltgrößten Ausstellung, der Cruft's Show in London, eine Bearded-Collie-Hündin den begehrten Pokal des »Besten Hundes der Schau« gewinnen konnte und Siegerin der Schau wurde: Ch. Potterdale Classic of Moonhill, genannt »Cassy«, im Besitz von Brenda White.

5

Der Bearded Collie in Deutschland

Anita Altmann, Bearded-Collie-Zucht vom Michaelis-Turm, leistete in Deutschland für den Bearded Collie Pionierarbeit.

Meine erste Begegnung mit dem Bearded Collie war Anfang der 60er Jahre, als ich ein Satzungsheft des Clubs für Britische Hütehunde bekam: Darin war der Bearded Collie zwar nirgends erwähnt, aber es gab ein Foto. Mitte der 60er Jahre sah ich ihn zum ersten Mal: Ihn sehen und lieben war eins. Es war der holländische Rüde Boodie of Dykes and Dunes, der in Frankfurt ausgestellt wurde. Er war allerdings nicht der erste Bearded Collie in Deutschland, sollte jedoch der Vater des ersten deutschen Bearded-Collie-Wurfes werden.

1962 hatte ein in Deutschland lebender Amerikaner die Hündin Cannamoor Cartinka importiert, die sehr früh starb. Ihr folgte Cannamoor Glen Canach, der mit viel Erfolg ausgestellt wurde. Ich erinnere mich noch daran, daß er selten korrekt als Bearded Collie in den Katalogen geführt wurde, sondern immer irgendwo zwischen den Collies stand. Sein Besitzer nahm ihn mit zurück in die USA, wo er als einer der Rassebegründer dort gilt.

Obwohl Dr. LEVY in Deutschland nicht züchtete, erregte sein Rüde

Frau ALTMANN leistete Pionierarbeit. Sie stellte ihre Hunde aus und züchtete verbissen, trotz großer Schwierigkeiten und weiter Wege von Norddeutschland bis u. U. in die Schweiz, um passende Rüden für ihre Hündinnen zu finden, ehe sie selbst einen Deckrüden bekam.

Der dritte deutsche Bearded-Collie-Wurf wurde von Frau SAAGER eingetragen, die ebenfalls Collies züchtete. Sie hatte die Hunde in England kennengelernt und ein Osmart-Pärchen importiert, gab die Zucht aber bald auf. Die Linie lebt heute nur

Ch. Wishanger Cairn-bhan in jungen Jahren, einer der einflußreich-sten Zuchtrüden der Bearded-Collie-Geschichte.

Die ersten beiden Bearded Collies in Deutschland: Canna-moor Glen Canach und Cannamoor Carn Doonagh.

doch so viel Aufsehen, daß Frau ANITA ALTMANN, eine Colliezüchterin, an Mrs. WHEELER, die Cannamoor-Züchterin in England, schrieb und um eine Hündin bat. 1967 kam Cannamoor Blue Midge, eine herrliche dunkelblaue Hündin, nach Deutschland. Sie darf als die Stammmutter der deutschen Bearded-Collie-Zucht gelten. Sie war eine Tochter des berühmten Ch. Wishanger Cairnbhan und einer Schwester der ersten nach Deutschland importierten Beardie-Hündin.

Glen Canach erhielt die Zuchtbuchnummer 1, Nr. 2 ging an Cannamoor Carn Doonagh, über die ich nichts erfahren konnte, Nr. 3 an Cannamoor Blue Midge, geworfen am 30.10.1966. Der erste deutsche Bearded-Collie-Wurf wurde am 23.11.1968 geboren. Es waren die Welpen ZbrH 4 Douglas Blue, ZbrH 5 Delia Blue und ZbrH 6 Dunja Blue vom Michaelis-Turm (ZbrH=Zuchtbuch für Britische Hütehunde). Ihr Vater war der schon erwähnte Ch. Boodie of Dykes and Dunes, ein Sohn von Dougie Dare of Bothkennar und der Kamp. Lonecharm of Willowmead.

noch in einigen Wubbel-Strubbels von Dr. ELKE JARNUT weiter, deren erste Hündin Garda von Wicking aus Frau SAAGERS Zucht war.

Ebenfalls Pionierarbeit leistete Frau SCHMERFELD, die die 1972 geborene Cannamoor Rustina Gold importierte. Rustina hatte nicht nur eine bewundernswerte Ausstellungskarriere, sondern wurde die Stammutter der Zotty Floppy Bearded Collies. Noch ein Colliezüchter verschrieb sich Anfang der 70er Jahre ganz dem Bearded Collie: Familie MEHLHORN mit der schwedischen Importhündin und vielfachen Championesse Stardogs Bless My Heart.

Mitte der 70er Jahre erlebte die

Cannamoor Blue Midge, die erste Bearded-Collie-Zuchthündin in Deutschland.

Der Bobtail wurde inzwischen als Werbeobjekt vermarktet. Wer vor dem großen, pflegeintensiven Hund zurückschreckte, kam schließlich auf den Bearded Collie. Er war noch immer relativ unbekannt – aber wer ihn einmal sah, konnte sich seinem Charme kaum noch entziehen. Der aufgeschlossenere, weniger pflegeintensive, kleinere und umgänglichere Bearded Collie ist heute auf dem besten Wege, Modehund zu werden. Schon wird er von Hundehändlern angeboten, Züchter schießen wie Pilze aus dem Boden, um sich ihr Stück vom Kuchen abzuschneiden, denn Beardiewelpen sind *noch* gefragt.

Rasse in Deutschland einen merklichen Aufschwung. Zunächst waren es Colliezüchter, die sich immer öfter dem rauhhaarigen Vetter zuwandten und ihre Zucht auf den ersten deutschen Beardies aufbauten, aber auch die Importe wurden häufiger. Beardies erschienen nun in Hundebüchern, man sah sie auf Ausstellungen.

Doch Vorsicht – der Bearded Collie ist kein Hund für jedermann! Wünschen wir uns dem Hund zuliebe, daß er nur von den Menschen angeschafft wird, die genau wissen, was sie sich ins Haus holen und die ihren Hund mit viel Humor zu nehmen wissen!

Drei berühmte Bothkennar-Champions (von links): Ch. Benjie of Bothkennar, Ch. Bravo of Bothkennar und Ch. Bronze Penny of Bothkennar.

Das Wesen des Bearded Collie

Nur fliegen ist schöner: Bearded Collies im Sprung.

Der Bearded Collie ist ein lustiger Familienhund mit sprühendem Temperament. Er fügt sich in das Familienleben ein, beschützt und hütet seine zweibeinige Familie. Besonders deutlich kann man dies auf Spaziergängen beobachten, wo er ständig bemüht ist, seine »Herde« zusammenzuhalten.

Dieser liebenswerte Zottelhund ist ein ganz besonderer Menschenfreund. Er begrüßt alle Fremden fröhlich und ungestüm, nur selten kommt es vor, daß er jemanden gar nicht mag. Er sieht nur das Gute im Menschen, ist nicht scheu oder mißtrauisch. Kindern ist er ein lustiger und umsichtiger Spielgefährte.

Aufgrund seiner ausgeprägten Menschenfreundlichkeit könnte man den Eindruck gewinnen, der Beardie sei ein Allerweltshund und nicht treu, doch genau das Gegenteil ist der Fall. Der Beardie hängt sehr an seiner Familie und trauert, wenn nicht alle beisammen sind. Es ist nicht ratsam, einen erwachsenen Beardie zu »verpflanzen«, sofern man nicht sicher sein kann, daß er in besonders liebevolle und verständige Hände kommt.

Beardies sind stets bemüht, gelobt zu werden und alles richtig zu machen. Lob und Tadel zur rechten Zeit reichen aus, um sie zu angenehmen Hausgenossen zu erziehen. Ein Beardie begreift rasch, was er darf und was nicht. Er hat nicht das Bestreben, sich zum Meuteführer aufzuschwingen und das, was er will, mit Sturheit durchzusetzen. Ein energisches »Pfui« genügt, den Junghund in seine Grenzen zu weisen. Grobe und ungerechte Behandlung zerstört das Vertrauen in »seinen« Menschen – er kann scheu oder bissig werden.

Ein Beardie-Besitzer braucht ruhige Nerven, um das ausgelassene Wesen seines Hundes unter Kontrolle zu halten. Geduld und Verständnis helfen eher als harte Strafen, denn der Beardie ist ausgesprochen feinfühlig und empfindsam.

Vorausgesetzt, daß er mindestens zwei Stunden Auslauf am Tag hat und sich richtig austoben kann, weiß der Beardie sein springlebendiges Temperament im Hause gut zu zügeln. Er liegt oft stundenlang auf seinem Platz und rührt sich nicht. Niemals wird er aufdringlich. Wenn er auf das Sofa darf, genießt er dies natürlich genauso wie ausgiebiges Bäuchleinkraulen.

Bei aller Freundlichkeit ist der Bearded Collie ausgesprochen wachsam. Wird er nicht von klein an etwas gezügelt, kann er sich zum Kläffer entwickeln, denn er meldet alles, was er sieht und hört.

Beardies sind untereinander sehr verträglich und gut zu mehreren zu halten. Einige Rüden legen sich gerne mit fremden Artgenossen an, doch ist dies die Ausnahme und sicherlich auch Erziehungssache. Der Beardie ist in der Regel stets bereit, Freundschaft zu schließen. Trifft er auf unfreundliche Hundekollegen, wird er sich trollen oder unterwerfen; wird er angegriffen, weiß er sich ordentlich zu wehren. Deshalb ist der Beardie kein feiger Hund, es liegt ihm nur nicht, Streit anzufangen.

Erfolgreich im Ausstellungsring und als Arbeitshund: Quinbury Stormdrifter at Runival CDex; er ist Crufts-Sieger und ausgebildeter Bergrettungshund in Schottland.

Wer paßt zum Bearded Collie?

Joggen mit Frauchen macht Spaß.

Der Bearded Collie ist kein bequemer Hund! Niemals darf man sich bei der Anschaffung allein von seinem attraktiven Aussehen und dem alles gewinnenden Charme leiten lassen. Der Bearded Collie stellt seine Ansprüche, und kann man sie nicht erfüllen, ist die Haltung eines Beardie kein Vergnügen!

Bearded Collies werden bei guter Gesundheit und fröhlichem Temperament uralt. 12 bis 13 Jahre sieht man einem gesunden Beardie nicht an. Wollen Sie wirklich so viele Jahre lang täglich zwei Stunden mit dem Hund laufen, bei jedem Wetter? Wollen Sie wirklich die Haarpflege auf sich nehmen? Mit seinem langen Fell bringt er Schmutz in die Wohnung, nach jedem Schlechtwettergang muß er abgetrocknet werden. Regelmäßiges Bürsten ist einfach unerläßlich, soll der Beardie ein angenehmer Hausgenosse bleiben! Die Belastung der Hausfrau ist nicht zu unterschätzen.

Haben Sie wirklich genug Nerven für sein fröhliches Temperament? Haben Sie genug Humor, um über manche Unart, die Ihrem kleinen Freund wahrscheinlich sehr viel Spaß bereitet, auch mal lachen zu können, anstatt wütend aus der Haut zu fahren? Können Sie seine Schwächen gelassen hinnehmen? Es soll nicht verschwiegen werden, daß es Bearded Collies gibt, die vor bestimmten Geräuschen erschrecken, unter Gewitterangst leiden oder nicht schußfest sind.

Können Sie ihn verständnisvoll und konsequent erziehen? Sie nehmen ihm deshalb nichts von seinem sprühenden Charme – im Gegenteil, die gemeinsame Freude am Leben ist viel größer, wenn der Hund gerne gehorcht und mit Ihnen arbeitet. Erwarten Sie trotzdem keinen vollkommenen, stets aufs erste Wort gehorchenden Begleiter. Der Beardie haßt Langeweile, und eintönige Gehorsamsübungen langweilen ihn ungemein. Er braucht ständig neue Motivation, um konzentriert zu arbeiten. Bei Gehorsamswettbewerben ist mit Beardies selten ein Blumentopf zu gewinnen. Für solche Aufgaben gibt es geeignetere Rassen.

Wer sich für einen Bearded Collie entscheidet, muß sich im klaren sein, daß er einen freundlichen, fröhlichen und quicklebendigen Kameraden bekommt, der mit ihm durch dick und dünn gehen möchte. Aufgrund seines Temperaments und Haarkleids ist er nichts für Leute, die ihr sauberes Haus oder Auto oder den gepflegten Garten über alles lieben. Beardies toben und buddeln leidenschaftlich gerne und machen viel Schmutz.

»Man kann ihm doch abgewöhnen, auf Möbel zu steigen oder im Garten Löcher zu graben«, mögen Sie einwenden. Sicher, Sie können Ihrem Beardie alles abgewöhnen, aber wenn Sie ihn lieben, werden Sie lächeln, wenn es ihm wieder einmal gelungen ist, Sie zu überlisten und sein Ziel zu erreichen. Beardies sind sehr einfalls-

reich und dabei so liebenswürdig, daß ihnen der Sieg meist gewiß ist. Lassen Sie ihm ein paar kleine Eigenheiten, er wird es Ihnen mit unverbrüchlicher Treue und Hingabe danken!

Doch all seine schönen Eigenschaften können in Hysterie und Ungezogenheit umschlagen, wenn der Beardie keine Beschäftigung und Abwechslung findet; dazu ist sein Hütehunderbe noch zu tief in seinem Wesen verankert.

So manch begeisterter Beardiebesitzer meint, dieser Rasse fehle nur noch die Sprache, um den Beardie zum idealen Mitmenschen zu machen. Doch ehrlich: Welcher Beardiebesitzer lernt nicht im Handumdrehen die Sprache seines Hundes, sein Mienenspiel und die Vielzahl von Tönen zu verstehen, die seine Gemütsregungen ausdrücken?

Der Rasse-
standard des
Bearded Collie

FCI-Nr. 271
Ursprungsland: Großbritannien
Übersetzung: Dr. Elke Jarnut

Allgemeines Erscheinungsbild:
Schlanker, drahtiger, aktiver Hund,
länger als hoch, im Verhältnis von ungefähr 5 : 4, gemessen vom vordersten
Punkt des Brustbeins bis zu den Sitzbeinhöckern. Hündinnen dürfen ge-
ringfügig länger sein. Trotz kräftigen
Körperbaus sollte der Hund einen guten Bodenabstand zeigen und nicht zu
schwer wirken.

Der aufgeweckte, forschende Ausdruck ist ein kennzeichnendes Merkmal dieser Rasse.

Charakteristika: Aufmerksam, leb-
haft, selbstsicher und aktiv.

*Die Gesamt-
erscheinung:
a) Skelett mit korrek-
ten Winkelungen,
b) ein typischer
Beardie-Rüde,
c) eine typische
Beardie-Hündin.*

Wesen: Zuverlässig, intelligenter Arbeitshund, ohne Anzeichen von Nervosität oder Aggressivität.

Kopf und Schädel: Kopf in richtigem Verhältnis zur Körpergröße. Schädel breit, flach und quadratisch. Der Abstand zwischen Stop und Hinterhauptbein ist gleich der Breite zwischen den Ohröffnungen. Der Fang ist kräftig und entspricht in der Länge dem Abstand zwischen Stop und Hinterhauptbein.

Der Gesamteindruck ist der eines Hundes mit kräftigem Fang und einem Schädel, der viel Raum für das Gehirn bietet. Mäßiger Stop. Nasenschwamm groß und quadratisch, meist schwarz, bei blauen und braunen Hunden jedoch normalerweise der Haarfarbe entsprechend. Nasenschwamm und Lefzen einfarbig, ohne

Tupfen oder Flecken. Die Pigmentierung der Lefzen und der Lidränder ist der Farbe des Nasenschwamms angepaßt.

Augen: Im Farbton auf die Farbe des Haarkleides abgestimmt, weit auseinanderliegend und groß, sanft und liebevoll, nicht hervortretend. Augenbrauen nach oben und nach vorne gewölbt, jedoch nicht so lang, daß die Augen verdeckt werden.

Ohren: Von mittlerer Größe und hängend. Bei Aufmerksamkeit heben sie sich im Ansatz bis zur Höhe des Schädels, aber nicht darüber hinaus, und lassen den Schädel breiter erscheinen.

Fang/Gebiß: Zähne groß und weiß. Kräftige Kiefer, möglichst mit einem

Der Kopf des Beardie:
a) ein typischer Kopf
mit unverwechsel-
barem Beardie-Aus-
druck,
b) guter Kopf mit kräf-
tiger Schnauze,
c) ausgewogener Kopf,
d) guter Hündinnen-
Kopf mit typischem
Ausdruck trotz hoch
angesetzter, gefalteter
Ohren
e) schöner Hündinnen-
Kopf mit angelegten
Ohren.
f) tief angesetzte
Ohren.

Das Gebiß.

Oben: Die Zähne werden in jedem Kieferast von vorn nach hinten gezählt:
Im Oberkiefer I1, I2, I3 (Incisivi, Schneidezähne); C (Caninus, Fangzahn); P1, P2, P3, P4 (Prämolaren, vordere Backenzähne, Lückenzähne); M1, M2, M3 (Molaren, Reißzähne).
Im Unterkiefer sind es nur zwei Molaren und somit 42 Zähne im bleibenden Gebiß.

Unten: Nur das Scherengebiß ist korrekt. Der Zangen- oder Aufbiß, der Vorbiß und der Unter- oder Überbiß sind fehlerhaft.

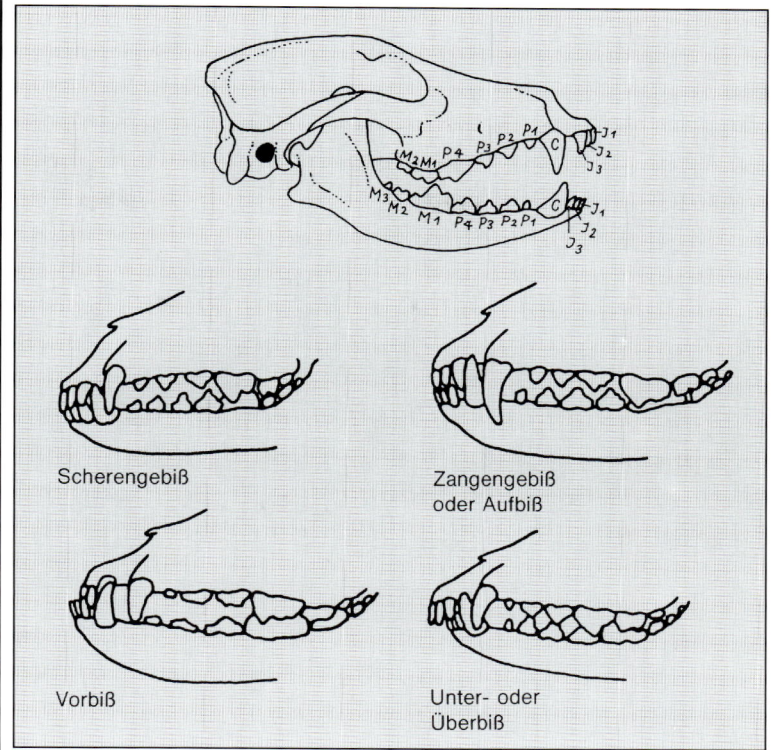

Scherengebiß

Zangengebiß oder Aufbiß

Vorbiß

Unter- oder Überbiß

perfekten, regelmäßigen und vollständigen Scherengebiß, wobei die obere Schneidezahnreihe ohne Zwischenraum über die untere greift und die Zähne senkrecht im Kiefer stehen. Zangengebiß erlaubt, aber nicht erwünscht.

Hals: Mäßig lang, muskulös und leicht gebogen.

Vorhand: Schultern gut schräg nach hinten liegend. Läufe gerade und senkrecht, mit kräftigen Knochen, rundherum mit zottigem Haar bedeckt. Vordermittelfuß biegsam, jedoch ohne Schwäche.

Körper: Die Rückenlänge ergibt sich aus der Länge des Brustkorbs, nicht aus der Länge der Lendenpartie. Rükken gerade, Rippen gut gewölbt, aber nicht tonnenförmig. Lendenpartie kräftig, Brustkorb tief, mit viel Platz für Herz und Lunge.

Hinterhand: Gut bemuskelt, mit kräftigen Unterschenkeln, gut gewinkelten Kniegelenken und tiefstehenden Sprunggelenken. Der Hintermittelfuß steht im rechten Winkel zum Boden und befindet sich im normalen Stand gleich hinter einer von den Sitzbeinhöckern gedachten senkrechten Linie.

Pfoten: Oval geformt mit gut gepolsterten Ballen. Zehen gewölbt und gut

Das Gebäude:
a) korrekte Längen-
Höhen-Verhältnisse
b) etwas lang,
c) quadratisches
Gebäude,
d) der Beardie wirkt
zu schwer,
e) steile Winkelungen,
f) korrekte Form, steile
Hinterhand.

Der Hals:
a) etwas kurzer Hals,
b) zu langer Hals.

Der Rücken:
a) gerader Rücken von korrekter Länge,
b) Rücken etwas durchhängend,
c) Rücken etwas hoch-gezogen.

Vor- und Hinterhand:
a) korrekte Front,
b) fehlerhaft: Ellbogen
nach innen, Pfoten
nach außen gedreht,
c) Ellbogen nach außen
gedreht, Pfoten nicht
geschlossen,
d) Front zu breit,
e) korrekte Hinter-
hand,
f) fehlerhaft: kuhhes-
sige Hinterhand.

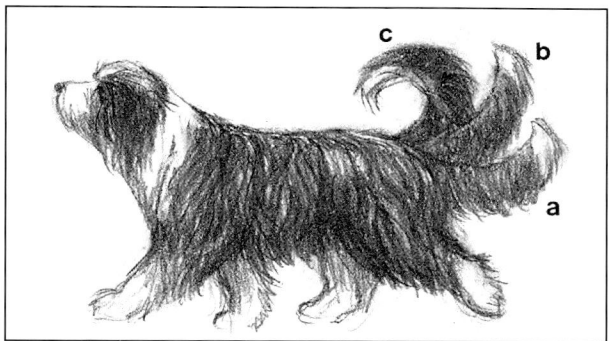

geschlossen, gut mit Haar bedeckt, auch zwischen den Ballen.

Rute: Tief angesetzt, ohne Knick oder Drehung, und so lang, daß der letzte Rutenwirbel mindestens bis zu den Sprunggelenken reicht. Im Stand oder im Gehen niedrig, mit einem Aufwärtsschwung an der Spitze, bei schnellerer Gangart auch ausgestreckt getragen. Niemals über dem Rücken getragen. Üppig mit Haar bedeckt.

Gangart/Bewegung: Geschmeidig, gleichmäßig fließend und weit ausgreifend, bei einem Minimum an Anstrengung raumgreifend.

Haarkleid: Doppelt, mit weicher, pelziger und dichter Unterwolle. Deckhaar glatt, hart, kräftig und zottig, weder wollig noch lockig, obgleich eine leichte Wellung erlaubt ist. Länge und Dichte des Haarkleides ausreichend, um Schutz zu bieten und die Form des Hundes zur Geltung zu bringen, jedoch nicht so viel, daß die natürlichen Linien des Körpers verwischt werden. Das Haarkleid darf in keiner Weise getrimmt werden. Nasenrücken spärlich mit Haar bedeckt, wobei dieses an den Seiten etwas län-

ger ist, gerade ausreichend, um die Lefzen zu bedecken. An den Wangen, den unteren Lefzen und unter dem Kinn nimmt das Fell zur Brust hin an Länge zu und bildet den typischen Bart.

Farbe: Schiefergrau, rötlich rehfarben, schwarz, blau, alle Schattierungen von Grau, Braun und Sandfarben, mit oder ohne weiße Abzeichen. Wenn Weiß vorkommt, tritt es am Fang, als Blesse auf dem Schädel, an der Rutenspitze, auf der Brust, an den Läufen und an den Pfoten auf. Sofern es als Halskrause vorkommt, darf der Ansatz der weißen Haare nicht über die Schulter hinausreichen. Weiß sollte oberhalb der Sprunggelenke nicht an den Außenseiten der Hinterläufe auftreten. Leichte lohfarbene Abzeichen sind an den Augenbrauen, auf der Innenseite der Ohren, auf den Wangen, unter der Schwanzwurzel und an den Läufen an den Übergangsstellen zwischen Weiß und der Grundfarbe erlaubt.

Größe/Gewicht: Ideale Schulterhöhe: Rüden 53 bis 56 cm, Hündinnen 51 bis 53 cm. Gesamtqualität und Proportionen sollten vorrangig gewürdigt werden, übertriebene Abweichungen von der Idealgröße sollten jedoch nicht gefördert werden.

Fehler: Jede Abweichung von den vorgenannten Punkten sollte als Fehler angesehen werden, dessen Bewertung im genauen Verhältnis zum Grad der Abweichung stehen sollte.

Anmerkung: Rüden sollten zwei offensichtlich normal entwickelte Hoden aufweisen, die sich vollständig im Skrotum befinden.

Das Gangwerk:
a) typisches Gangwerk (single tracking; die Trittsiegel liegen hintereinander auf einer gedachten Linie oder Spur, der Schwerpunkt liegt unter dem Körper),
b) enges Gangwerk,
c) untypisches weites Gangwerk,
d) typisches Gangwerk eines korrekt gebauten Beardies,
e) Gangwerk eines Beardies mit steileren Winkelungen,
f) untypisches Gangwerk.

Das Haarkleid:
a) Haarkleid von korrekter Länge und Struktur,
b) gestuftes Haarkleid mit leichter Wellung,
c) unerwünschte Haarstruktur,
d) stufenloses Haarkleid,
e) überlanges Haarkleid,
f) zuviel und zu weiches Haar im Gesicht,
g) zu langes Haar am Kopf.

Farbenspiele beim Bearded Collie

Obwohl farblich kein Beardie dem anderen gleicht, gibt es, genetisch gesehen, nur zwei Farben: Schwarz und Braun. Zu beiden gibt es eine Variante aufgrund eines Erbfaktors, der die Verdünnung der Farbkörnchen (Pigmente) im Haar verursacht: blau und »fawn«. Den englischen Begriff fawn übersetzt man mit reh-, falb- oder sandfarben. Jedoch sind all diese Bezeichnungen nicht treffend. Deshalb bleibt man in Beardiekreisen lieber bei

dem englischen Wort fawn (gesprochen foon mit offenem O).

Am deutlichsten sieht man die Farbunterschiede beim jungen Welpen. Man trägt deshalb ins Zuchtbuch die Geburtsfarbe ein. Auf englischen Ahnentafeln findet man gelegentlich noch andere Farbbezeichnungen, die auf das erwachsene Fell hinweisen, wie z.B. schieferfarben. Höchstwahrscheinlich handelt es sich um einen schwarzgeborenen Hund. Da es für den Züchter aber wichtig ist, die Erbanlagen bezüglich der Farben zu kennen, ist in jedem Fall die Eintragung der Geburtsfarbe am sinnvollsten.

Doch welche Farbe ein Welpe bei der Geburt auch haben mag, es läßt sich nie voraussagen, wie der erwachsene Bearded Collie einmal aussehen wird, denn die Erbanlagen werden von sog. Modifikanten (Veränderern) beeinflußt, was einen häufigen Wechsel der Schattierung der Haarfarbe bis ins Erwachsenenalter hinein zur Folge hat. Fast alle Beardies besitzen diese Modifikanten mehr oder weniger stark, und kein Beardie ist hier einem anderen gleich.

Sehr selten sind schwarz bleibende Beardies. Die meisten hellen als Welpen im Alter von 6 bis 8 Wochen auf und zeigen im Alter von einem Jahr eine undefinierbare, fahle Farbe. Manche werden sogar fast weiß. In

Schwarz geborene Welpen mit »tan«-Abzeichen.

*Die vier Farben beim
erwachsenen Beardie
(von links:) schwarz-
geboren, blau-geboren,
braun-geboren und
fawn-geboren.*

dieser Phase sind Blau von Grau oder Braun von Fawn nicht zu unterscheiden. Lediglich das Nasenpigment, das beim Blauen schiefergrau und nicht schwarz und beim Fawn etwas heller als beim Braunen ist, verrät möglicherweise die Geburtsfarbe. Das Aufhellen beginnt am Haaransatz. Mit jedem Haarwechsel verändert sich nun die Farbe, doch nach dem zweiten Jahr sind die Veränderungen nicht mehr so kraß.

Früher gab es durchaus auch bluemerle-farbene Beardies. Da es sich hier um eine uralte Hütehundfarbe handelt, verwundert dies nicht. Doch versicherten mir alterfahrene englische Beardiezüchter, daß der Merlefaktor im Erbgut der Rasse nicht mehr vorhanden sei. Da er dominant vererbt wird, also immer sichtbar ist, wenn er im Erbgut vorkommt, ist er auch sehr schnell auszumerzen. Sichtbar wäre er eindeutig nur bei der Geburt. Die Fellfarbe müßte deutlich marmoriert sein.

Da der Merlefaktor auch zu blauen oder gefleckten Augen führt, die beim Beardie unerwünscht sind, ist es durchaus denkbar, daß mit der Ablehnung dieser Augen die Ausmerzung des Merlefaktors einherging. Selbst wenn er noch bei Arbeitshunden vorkommt, so hat man doch bei der Einkreuzung von Hunden unbekannter Herkunft auf dunkle Augen geachtet und blaue und gefleckte Augen vermieden. Die blaue Fellfarbe des Bearded Collie hat nichts mit dem Merlefaktor zu tun, den viele Genetiker ablehnen. Paart man nämlich zwei Merles, ergibt dies fast oder ganz weiße Welpen, die Gehör- und Augenmißbildungen aufweisen.

Dennoch kommen beim Beardie **blaue Augen** vor! Sie sind *kein* Hinweis auf den Merlefaktor, weil sie rezessiv, d. h. verdeckt, vererbt werden und immer wieder unverhofft auftreten können. Ich kenne viele schwarzweiße Border Collies mit leuchtend blauen Augen. Beim Siberian Husky ist das blaue Auge ein bemerkenswertes Rassekennzeichen, das nichts mit dem Merlefaktor zu tun hat. Heute noch sagen die schottischen Schäfer,

Das ungeliebte Überraschungskind: ein schwarz-weiß geschecker Welpe im 14 Tage alten Wurf mit seinen braunen und schwarzen Wurfgeschwistern.

daß ein Hund mit blauen Augen besonders gut sehen könne und ziehen gerne einen solchen Hund für die Arbeit auf. Laut Standard sind Bearded Collies mit blauen Augen unerwünscht, da sie keiner Fellfarbe entsprechen können.

Gelegentlich kommen **dreifarbige Beardies** vor. Zusätzlich zu der normalen Farbe besitzen sie das sog. Tan, d. h. braune Abzeichen über den Augen, an den Wangen, Pfoten und um den After herum. Leider verschwinden diese braunen Abzeichen beim erwachsenen Hund fast ganz. Da diese Tricolours so gut wie nie als solche eingetragen werden, weiß man wenig über die Vererbungsweise. Wenn das Verschwinden der braunen Abzeichen auf die Aufhellung zurückzuführen ist, fragt man sich, wie dann ein Hund aussähe, der den Aufheller nicht trägt und seine schwarze Fellfarbe behält? Gesehen habe ich noch keinen. Auf alten Darstellungen findet man häufig deutlich black-and-tan-farbene, d. h. einfarbig schwarze oder dunkelgraue Beardies mit auffallend braunen Abzeichen. Diese hüb-

sche Variante dürfte ausgestorben sein.

Die Farbe an sich spielt bei der Bearded-Collie-Zucht keine Rolle. Deshalb gibt es auch wenige wissenschaftlich fundierte Informationen über die Farbvererbung. Erschwerend wirkt sich aus, daß bei der Eintragung früher nie konsequent die Geburtsfarben genannt wurden. So ist die Vererbung der vier Grundfarben bekannt, aber was passiert, wenn man sich auf die Zucht blauer oder fawnfarbener Beardies spezialisiert? Würde sich der Verdünnungsfaktor verstärken und die Tiere immer blasser werden oder gar irgendwelche genetischen Defekte einhergehen? Da dies noch niemand ausprobiert zu haben scheint, geht man davon aus, daß es sicher besser ist, nur im Notfall die verdünnten Farben miteinander zu kreuzen.

Mehr Augenmerk richtet man allerdings auf die **Weißzeichnung**. Tatsächlich gibt es Trends, die so weit gehen, daß einfarbige Beardies trotz hoher Qualität im Ausstellungsring keine Chance haben, weil sie eben nicht »in« sind. Morgen kann das schon ganz anders sein.

Allerdings dürfen die weißen Fellpartien nicht zu ausgedehnt sein. Man fürchtet nämlich weißgescheckte Welpen, die lt. Standard nicht erwünscht sind. Früher gab es sie natürlich häufiger unter den Arbeitshunden, obwohl kein Schäfer einen vorwiegend weißen Hund liebt. Man sagt, daß sich ein weißer oder vornehmlich weißer Hund sehr viel schwerer den Schafen gegenüber durchsetzen kann als ein auffällig gefärbter. Ob dem so ist, sei dahingestellt. Jedenfalls sind sie bei Bearded-Collie-Züchtern unerwünscht.

Genetisch gesehen muß man zwischen der normalen Weißzeichnung, die es ja bei allen Collieverwandten gibt, und dem sog. **Weißfaktor** unterscheiden. Sie haben nichts miteinander zu tun, aber der Weißfaktor kann sich bei einem Hund, der die Veranlagung zur Weißscheckigkeit trägt, durch ausgedehnte Weißzeichnung an den Läufen und am Halskragen oder kleinen weißen Fleckchen im Körperfell ausdrücken. Das muß nicht sein, ist aber sehr wahrscheinlich. Hat ein Bearded Collie einen breiten weißen Halskragen, der bis über die Schulterblätter hinausreicht (beim erwachsenen Hund schaut man nach dem Haaransatz und nicht nach dem Fallen des Fells, was täuschen kann) und zieht sich das Weiß an den Hinterläufen über das Knie hinaus, liegt der Verdacht nahe, daß dieser Hund den Weißfaktor trägt. Man wird ihn natürlich nicht mit einem Hund paaren, der ebenso gezeichnet ist oder von dem man weiß, daß er den Weißfaktor trägt.

Für den Züchter ist es schon wichtig, ob er in einem Wurf damit rechnen muß, drei oder vier Welpen als Fehlfarben aufzuziehen. Das bedeutet nicht nur finanziellen Verlust, sondern einen Rückschritt im Zuchtprogramm, wenn die restlichen, gut gefärbten Welpen in der Qualität nachstehen und keinen Fortschritt für das weitere Zuchtprogramm darstellen.

Obwohl die Beurteilung im Ausstellungsring nichts damit zu tun hat, wie oder was ein Hund möglicherweise einmal vererbt oder nicht, hat es sich eingebürgert, daß Hunde mit weniger extremer Weißzeichnung bevorzugt werden. Wer mit seinem Hund gerne ausstellen oder züchten möchte, sollte schon Wert auf die erwünschte Weißzeichnung legen, um Enttäuschungen zu vermeiden.

Zu den Farbvererbungstafeln auf den folgenden Seiten: Ganz links ist jeweils das eine Elterntier abgebildet, daneben das andere. Rechts davon sind die möglichen Farbkombinationen, die die aus dieser Paarung hervorgehenden Welpen haben werden, aufgeführt. Die prozentuale Aufteilung bezieht sich allerdings auf eine große Anzahl von Welpen, etwa 100, und kann nicht in einem einzelnen Wurf vorausgesetzt werden.

Die Farbvererbungstafel berücksichtigt nicht die Farbaufhellung mit zunehmendem Alter und die weißen bzw. braunen Abzeichen.

Jedes Tier bekommt für ein bestimmtes Merkmal, z. B. die Haarfarbe, von jedem Elternteil eine Erbanlage (Gen). Die Buchstaben stehen anstelle der Erbanlagen für Farbe und Farbverdünnung. Dominante = überdeckende Erbanlagen werden mit Großbuchstaben gekennzeichnet, rezessive = versteckte mit Kleinbuchstaben.

BB oder Bb = schwarze Fellfarbe (dominant)
bb = braune Fellfarbe (rezessiv)
dd = Verdünnung (rezessiv)
DD oder Dd = Nicht-Verdünnung (dominant)

Die Genformeln lauten demnach:
schwarz (dominantes B-Allel ohne Verdünnung):
BBDD oder
BbDD oder
BBDd oder
BbDd

blau (dominantes B-Allel mit Verdünnung):
BBdd oder
Bbdd

braun (rezessives B-Allel ohne Verdünnung):
bbDD oder
bbDd

fawn (rezessives B-Allel mit Verdünnung):
bbdd

BBDD	BBDD	BBDD
	BbDD	BBDD 50% BbDD 50%
	BBDd	BBDD 50% BBDd 50%
	BbDd	BBDD 25% BbDD 25% BBDd 25% BbDd 25%
BbDD	BBDd	BBDD 25% BbDD 25% BBDd 25% BbDd 25%
	BbDD	BBDD 25% BbDD 50% bbDD 25%
	BbDd	BBDD 12,5% BbDD 25% BBDd 12,5% BbDd 25% bbDD 12,5% bbDd 12,5%
BBDd	BBDd	BBDD 25% BBDd 50% BBdd 25%
	BbDd	BBDD 12,5% BbDD 12,5% BBDd 25% BbDd 25% BBdd 12,5% Bbdd 12,5%

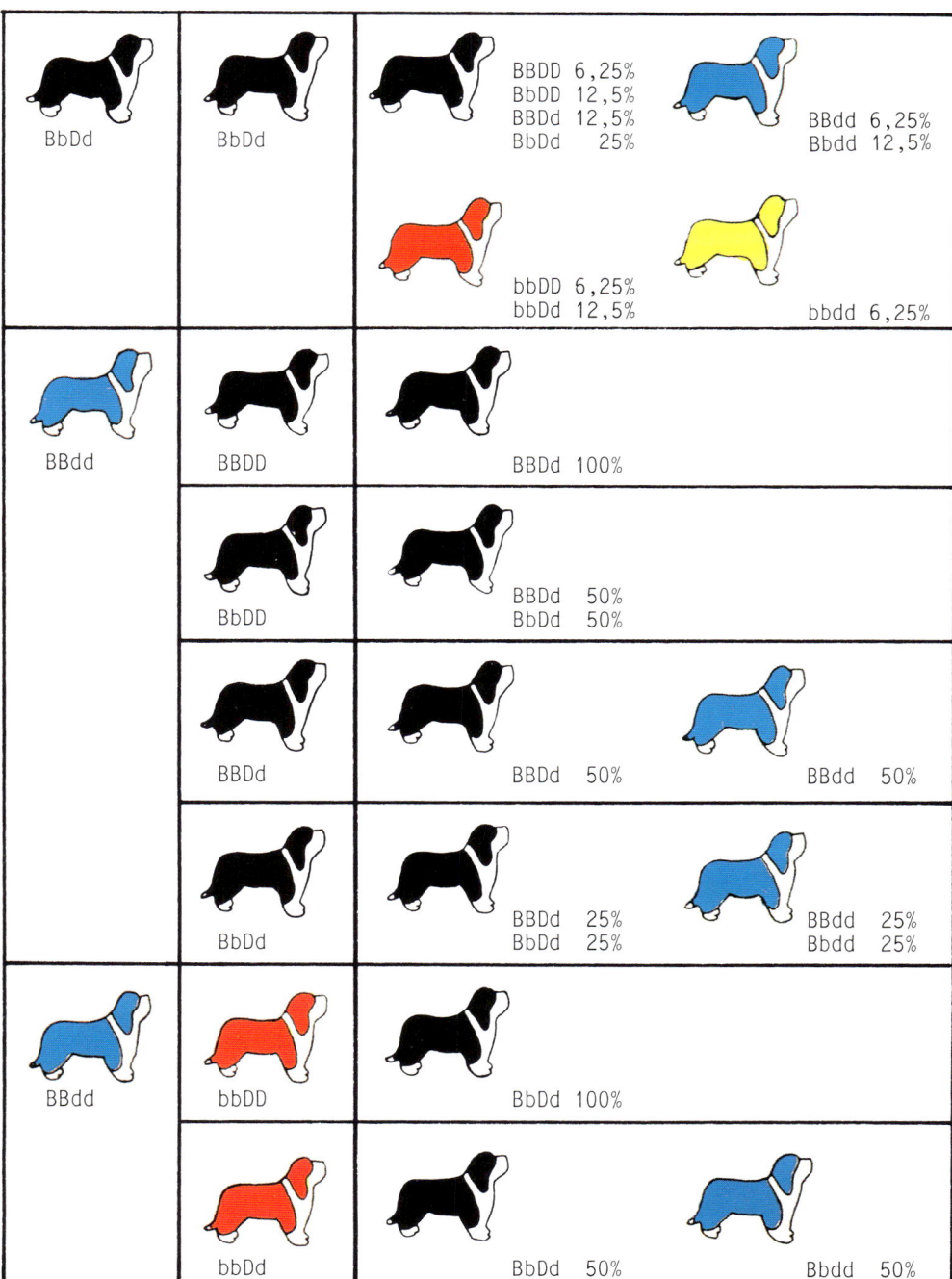

BbDd	BbDd	BBDD 6,25% BbDD 12,5% BBDd 12,5% BbDd 25% BBdd 6,25% Bbdd 12,5% bbDD 6,25% bbDd 12,5% bbdd 6,25%
BBdd	BBDD	BBDd 100%
	BbDD	BBDd 50% BbDd 50%
	BBDd	BBDd 50% BBdd 50%
	BbDd	BBDd 25% BBdd 25% BbDd 25% Bbdd 25%
BBdd	bbDD	BbDd 100%
	bbDd	BbDd 50% Bbdd 50%

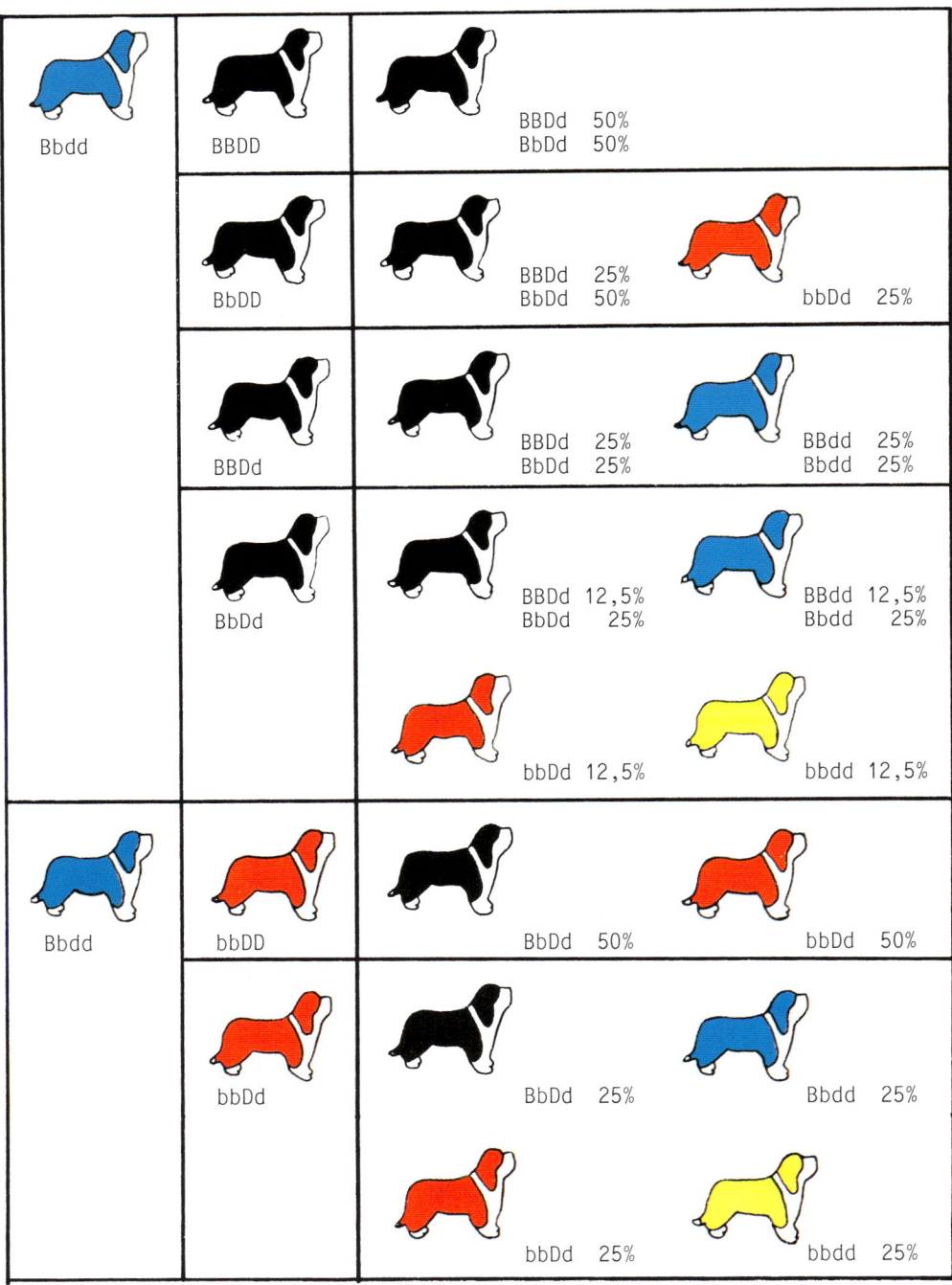

Bbdd	BBDD	BBDd 50% BbDd 50%	
	BbDD	BBDd 25% BbDd 50%	bbDd 25%
	BBDd	BBDd 25% BbDd 25%	BBdd 25% Bbdd 25%
	BbDd	BBDd 12,5% BbDd 25% bbDd 12,5%	BBdd 12,5% Bbdd 25% bbdd 12,5%
Bbdd	bbDD	BbDd 50%	bbDd 50%
	bbDd	BbDd 25% bbDd 25%	Bbdd 25% bbdd 25%

Parent	Parent	Offspring			
bbDD	BBDD	BbDD 100%			
	BbDD	BbDD 50%		bbDD 50%	
	BBDd	BbDD 50% BbDd 50%			
	BbDd	BbDD 25% BbDd 25%		bbDD 25% bbDd 25%	
bbDd	BBDD	BbDD 50% BbDd 50%			
	BbDD	BbDD 25% BbDd 25%		bbDD 25% bbDd 25%	
	BBDd	BbDD 25% BbDd 50%		Bbdd 25%	
	BbDd	BbDD 25% BbDd 50%		Bbdd 25%	
		bbDD 25% bbDd 50%		bbdd 25%	

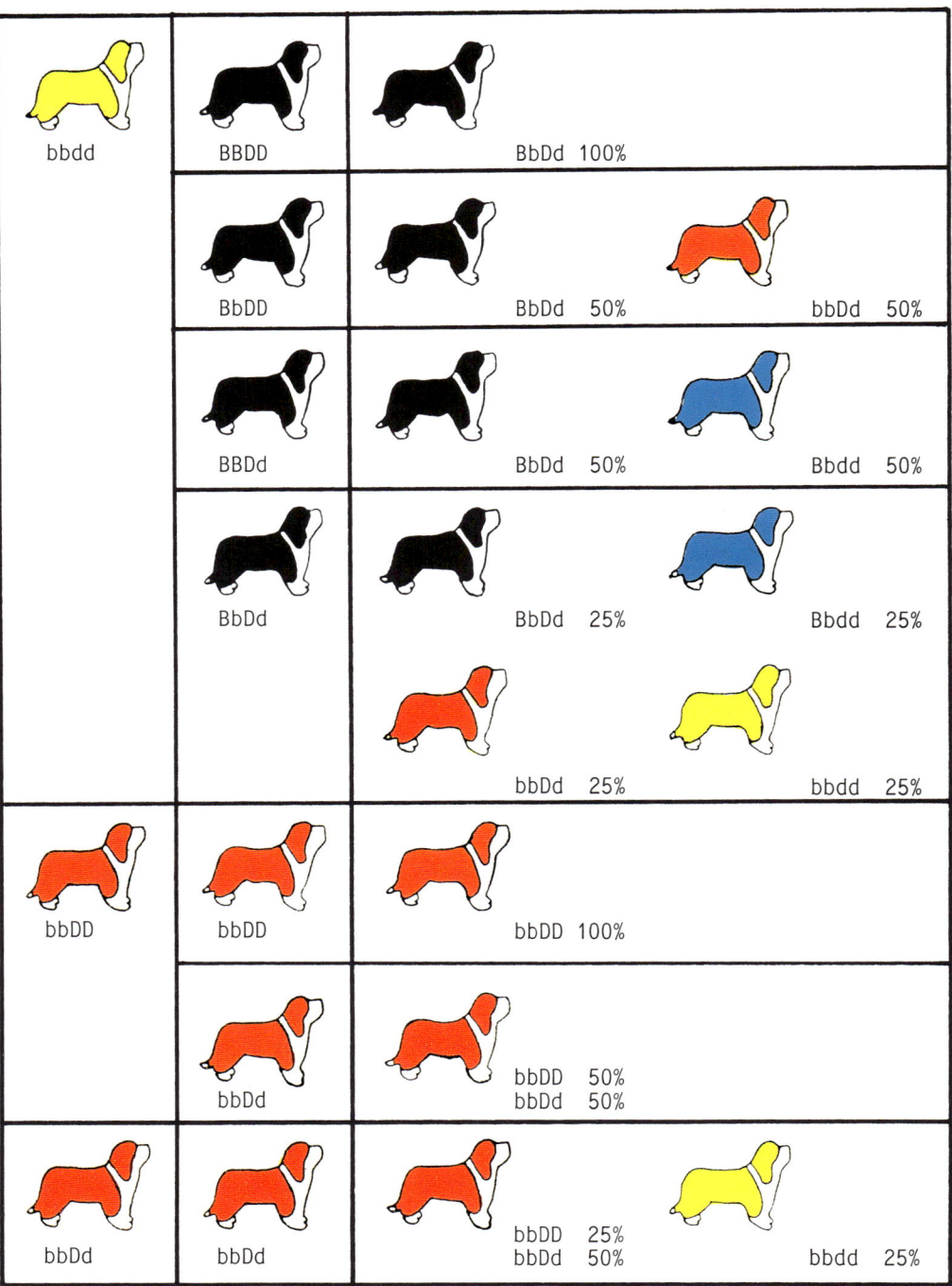

Überlegungen vor der Anschaffung

10

Voraussetzung für die Anschaffung eines Beardie ist, daß ein Einzeltier nicht viele Stunden am Tag sich selbst überlassen bleibt und daß Sie eine geräumige Wohnung, noch besser ein Haus mit Garten, besitzen. Auf eine Zwingerhaltung möchte ich im Rahmen dieses Buches nicht eingehen, da ich sie bei einem Einzelhund für Tierquälerei halte. Wer seinen Bearded Collie nicht im Hause um sich haben möchte, sollte auf ihn verzichten.

Wenn Sie aber Zeit, Platz und Freude am schönen Fell haben, dürfen Sie über die Anschaffung eines solchen Wuschelhundes nachdenken. Die aufwendige Haarpflege ist nur die eine Seite; langhaarige Hunde schleppen nach jedem Spaziergang Schmutz und Nässe in die Wohnung, Hundehaare bleiben an Möbeln, auf Teppichen und Kleidern hängen.

Außerdem müssen Beardies konsequent erzogen werden. Kinder verlieren rasch das Interesse, und ich würde sogar sagen, daß sie mit der alleinigen Betreuung eines Bearded Collies überfordert sind. Meist bleibt die Arbeit, jede Woche mindestens zwei Stunden der Haarpflege zu widmen, an der Hausfrau hängen. Folglich darf gerade sie dem neuen Familienmitglied nicht stirnrunzelnd gegenüberstehen. Tun Sie sich, Ihrer Familie und vor allen Dingen dem

Hund nicht an, daß der unschuldige Vierbeiner zum ständigen Ärgernis im Hause wird. Da ein Hund von jedem Familienmitglied gewisse Opfer fordert, müssen *alle* begeistert und bereit sein, eine gewisse Arbeitsteilung vorzunehmen.

Unterschätzen Sie bitte auch nicht den Posten Tierarztkosten. Auch wenn Ihr Hund selten oder nie krank werden sollte, sind regelmäßige Tierarztbesuche zwecks Impfungen und Wurmkuren unerläßlich.

Bearded Collies brauchen viel Bewegung und Beschäftigung. Selbst wenn Sie im Besitz eines Hauses mit Garten sind, müssen Sie doch bei jedem Wetter ausgedehnte Spaziergänge unternehmen, denn von sich aus verschafft sich der Hund nicht die Bewegung, die er braucht.

Auch die Urlaubsfrage ist ein wesentlicher Punkt. Einen Vertreter einer derart pflegeintensiven Rasse können Sie nicht einfach drei oder vier Wochen lang jemandem überlassen, der sich nicht auf die Pflege versteht. Zudem ist längst nicht jeder Freund oder Verwandte bereit, einen solchen Fellbären so lange aufzunehmen, denn er macht nun mal Schmutz und verliert Haare. Und wehe, drei oder vier Wochen lang wurde am Haar nichts getan! Es folgen qualvolle Stunden der Wiederherstellung, die auf

Kosten der Schönheit des Fells gehen. In Hundepensionen dürfte die spezielle Pflege kaum gewährleistet sein; auch habe ich bei meinen Hunden erlebt, daß sie nach einem kurzen Aufenthalt in einem erstklassigen Hundehotel sehr verstört waren.

Nur wenn Sie die angeschnittenen Punkte sorgfältig abwägen und die folgenden Fragen mit einem aufrichtigen »Ja« beantworten können, sollten Sie die Anschaffung eines Bearded Collie in Angriff nehmen.

● Haben Sie mindestens zwei Stunden in der Woche Zeit für eine intensive Fellpflege?
● Haben Sie die Zeit, mehrmals täglich mit dem Hund auszugehen und ihm einen langen Spaziergang pro Tag zu gewähren?
● Wohnen Sie in unmittelbarer Nähe von freiem Gelände, wo sich der Hund lösen kann?
● Sind Sie bereit, die Kosten für die Ernährung eines großen Hundes, Tierarztrechnungen, Haftpflichtversicherung, Hundesteuer etc. zu tragen?
● Wenn Sie zur Miete wohnen, haben Sie mit dem Vermieter und den Mitbewohnern geklärt, ob Sie einen Hund halten dürfen?
● Ist Ihre Wohnung groß genug, um diesem temperamentvollen Vierbeiner eine hundegerechte Haltung zu gewährleisten?
● Können und wollen Sie Ihren Hund mit in Urlaub nehmen?
● Sind Sie bereit, sich mit der Hundeseele und dem hundlichen Verhalten vertraut zu machen und Ihren neuen Freund entsprechend zu erziehen?

Kind und Hund

Beardies und Kinder sind ein wundervolles Gespann. Doch sollte das Kind, wenn der Hund ins Haus kommt, nicht mehr zu klein und unverständig sein. Es könnte den Hund unbewußt quälen und der Welpe mit seinen spitzen Zähnchen dem Kind ebenso unabsichtlich wehtun. Wer kleinere Kinder hat, sollte einen etwas älteren Welpen, der im Wurf nicht gerade durch Zurückhaltung auffällt, wählen. Die erste Zeit ist sicherlich etwas anstrengend, da man Kind und Hund stets beobachten sollte.

Wenn sich Kinder unbedingt einen Hund wünschen, sind sie eigentlich im geeigneten Alter, aber die Eltern müssen sich im klaren darüber sein, daß ein Kind von 8 bis 10 Jahren mit der alleinigen Verantwortung für den Hund überfordert ist. Es gibt Kinder, die konzentrieren sich schon in diesem Alter voll und ganz auf die Pflege und Erziehung des Vierbeiners und bleiben ein Leben lang dabei, aber das ist die Ausnahme.

Meist schwindet das Interesse rasch, wenn der junge Hund im Flegelalter ungebärdig wird. Das Spazierengehen mit dem Hund wird zur Last und macht schnell keinen Spaß mehr. Wenn der Hund dann zum Zankapfel in der Familie wird, weil die Mutter meutert und das Kind sich vor den Aufgaben drückt, hat die Anschaffung des Hundes ganz sicher ihren Sinn verfehlt. Und letztlich ist der Hund der Leidtragende. Ich komme immer wieder darauf zurück: Wenn die Hausfrau nicht selbst Zeit

haben! Doch man darf nie vergessen, daß ein Hund eben ein Hund ist, so menschlich er zuweilen auch erscheinen mag. Mißverständnisse zwischen einem großen Hund und einem kleinen Kind können für das Kind lebensgefährlich werden, auch wenn es der Hund gar nicht böse gemeint hat.

Bearded Collies sind ideale Kinderhunde. Sie lieben und betreuen die Kleinen rührend, ihre Geduld scheint unerschöpflich, aber wenn der Hund sich nicht zurückziehen kann, wenn das Menschenkind zu aufdringlich wird, ihm gar wehtut, muß er sich zur Wehr setzen. Er wird warnen, aber das Kind versteht die Hundesprache nicht. Sie sollten daher Kleinkinder und Hunde niemals unbeaufsichtigt lassen.

Es gibt Hunde, die alle Kinder lieben, und solche, die nur die »eigenen« dulden. Fremde Kinder sind deshalb stets mit Vorsicht an den Hund heranzuführen.

Einzelhunde, die nie mit Kindern zu tun hatten, meiden sie in der Regel. Daß ein Beardie ein Kind jemals ernst-

»Wie macht Papa das immer? Erst wird der Kopf gebürstet ...«

und Freude am Bearded Collie hat – dann verzichten Sie bitte auf ihn!

Wer es aber versteht, den Beardie ebenso liebevoll konsequent wie seine Kinder zu erziehen, wird viel Freude

Kaum spürt die Hündin die Kreide im Fell, legt sie sich gemächlich auf die Seite.

haft gebissen hat, ist mir noch nicht zu
Ohren gekommen, aber wenn sich
der Beardie bedrängt fühlt und keine
Erfahrung mit Kindern hat, könnte es
durchaus so weit kommen, daß er
kurz schnappt, um sich seiner Haut
zu wehren. Aber mit ein wenig Men-
schenverstand lassen sich kritische
Situationen vermeiden.

Selbstverständlich haben Kinder
nichts am Futternapf zu suchen. Ganz
kleine Kinder können zwar Narren-
freiheit genießen, wie kleine Welpen
auch, aber sie wachsen heran, der
Hund wird sie als seinesgleichen betrachten, erziehen, wo es ihm nötig
erscheint, und seinen Rang bewahren,
denn er sieht das Kind als rangniede-
res Familienmitglied. Hunde haben
ein sehr feines Gespür dafür, wer das
Sagen hat und wer sich unterordnen
muß.

Achten Sie darauf, daß der Hund
seine Schlaf- und Ruhezeiten bekommt und nicht endlos von den Kindern gegängelt wird. Bringen Sie den

Kindern Verantwortung und Achtung für das Tier bei.

Selbstverständlich lassen Sie kleinere Kinder niemals alleine mit dem
Hund spazierengehen. Sie können
einen solch starken und temperamentvollen Hund kräftemäßig nicht
halten, wenn andere Hunde kommen
oder eine Katze über den Weg jagt. Da
ist schnell jede Erziehung vergessen,
abgesehen davon, daß der Hund dem
Kind nicht so gehorcht, wie er das bei
Ihnen, seinem »Meuteführer«, tut.

Nur wenn Sie ganz sicher sind, daß
das ältere Kind sich dem Hund gegenüber durchsetzt, für ihn Respektper-
son ist und kräftig genug, ihn zu halten, können Sie die beiden unbeaufsichtigt losschicken. Ein Tip: Tobt der
Hund an der Leine, und Sie müssen
befürchten, ihn nicht halten zu können, dann wickeln Sie die Leine um
einen Laternenpfahl, Gartenzaun,
Baum etc., sofern vorhanden.

Niemals sollten Sie den Hund
fremden Kindern mitgeben; den eige-

nen schärfen Sie ein, ihn nicht von der Leine zu lassen – Kinder sind Kinder, und Hunde sind Hunde! Niemand weiß, was ihnen in den Sinn kommt und wie sie reagieren.

Rüde oder Hündin?

Es gibt Menschen, die neigen zu Hündinnen, und solche, die Rüden bevorzugen. Beide haben ihre geschlechtsspezifischen Vor- und Nachteile. Rüden sind das ganze Jahr sexuell ansprechbar. Leben viele Hündinnen in Ihrer Nachbarschaft, sollten Sie sich lieber eine Hündin anschaffen, denn der Rüde ist sonst wochenlang liebeskrank, frißt nicht, weint, sitzt an der Tür und will hinaus; kurz, er hat nichts anderes im Sinn, als zu seiner Angebeteten zu gelangen. Rüden müssen nach Urväter Sitte ihr Revier markieren. Sie heben an allem, was sich anbietet, ihr Bein. Allerdings kann man das erzieherisch in Grenzen halten.

Die Hündin markiert nur vor und während der Hitze. Zweimal im Jahr wird sie läufig oder heiß. Das erste Mal zwischen dem 6. und 12. Monat, evtl. später. In den drei Wochen müssen Sie sie von Rüden fernhalten, wenn Sie auf Nachwuchs keinen Wert legen. Schon Wochen vorher wirkt die Hündin unkonzentriert und neigt kurz vor und während der Hitze manchmal zu regelrechtem Ungehorsam und versucht sogar auszubüchsen.

Hündinnen halten sich selbst sauber, doch können Spezialhöschen in der Wohnung Verschmutzungen verhindern. Es gibt geruchsbindende Mittel (Chlorophylltabletten), die den für uns nicht wahrnehmbaren, für Rüden aber um so verlockenderen Duft der Hündin während der Läufigkeit unterbinden. Das ist jedoch kein Freibrief, denn wenn sich die paarungsbereite Hündin dem Rüden anbietet, wird er auch ohne Duft seine Chance wahrnehmen.

Es gibt hitzeunterdrückende Hormonspritzen, allerdings können krankmachende Nebenwirkungen auftreten (z. B. Gebärmutterentzündungen). Deshalb möchte ich diese Möglichkeit nicht empfehlen. Man kann Rüden und Hündinnen kastrieren lassen, angeblich ohne nachteilige Auswirkungen für die Tiere. Mit der Geschlechtlichkeit der Hunde muß man eben leben, sie wird sicherlich nicht zum Problem.

Was den Charakter betrifft, so gibt es bei Rüden und Hündinnen solche und solche. Verschmust sind sie beide, der Rüde ist vielleicht insgesamt robuster und eher geneigt, sich aufzulehnen und bedarf daher der konsequenteren Erziehung. Einer Familie mit kleinen Kindern würde ich zu einer Hündin raten; wer viel mit dem Hund reist oder Hundesport betreiben will, ist möglicherweise mit einem Rüden besser bedient. Wer einmal züchten möchte, beginnt logischerweise mit einer Hündin. Wollen Sie jedoch intensiv ausstellen und nicht züchten, empfehle ich Ihnen einen Rüden.

Wahrscheinlich werden Sie – allen Argumenten zum Trotz – den Welpen aussuchen, der auf Anhieb Ihr Herz erobert, noch ehe Sie Gelegenheit hatten, nach seinem Geschlecht zu fragen!

Wie alt soll der Hund sein?

In der Regel kauft man einen Welpen im Alter von acht Wochen. Er hat dann bereits die ersten nötigen Impfungen erhalten, ist selbständiges Fressen gewöhnt und befindet sich in der sog. *Prägungsphase*, die ein problemloses Umstellen auf neue Verhältnisse und Menschen erleichtert.

Man sollte einen Welpen so früh wie möglich übernehmen, wenn er in einem Zwinger ohne intensiven menschlichen Kontakt aufwächst. Werden die Welpen jedoch in einer Familie groß, können Sie Ihren ruhig mit 12 Wochen oder später übernehmen. Allerdings ist die Zeit zwischen dem 4. und 7. Monat kritisch. Die Tiere beginnen, ihre Umwelt zu erkunden und sind manchmal unsicher und ängstlich. Nun knüpfen sie enge Bande innerhalb der Familie. Kommt ein Welpe jetzt in fremde Hände, kann das seine charakterliche Entwicklung empfindlich stören.

Was ist ein Rassehund?

Ein Rassehund ist nachweislich seit Generationen reinrassig gezüchtet, d. h., beide Eltern, Großeltern etc. gehören derselben Rasse an.

Die Ahnentafel – im Volksmund Stammbaum genannt – ist Abstammungsnachweis und Garantieschein für die Reinrassigkeit. Im Grunde ist sie ein Auszug aus dem Zuchtbuch und ermöglicht, die Vorfahren eines Hundes über viele Generationen zurückzuverfolgen, was für eine sorgfältige Hundezucht sehr wichtig ist.

Jeder Züchter bekommt für seine Welpen unter Einhaltung der Zuchtbestimmungen diese Ahnentafeln vom zuchtbuchführenden Verein. In Deutschland ist dies der Club für Britische Hütehunde e. V., Mitglied des VDH (Verband für das Deutsche Hundewesen) und der FCI (Fédération Cynologique Internationale), in Österreich der Österreichische Kynologenverband und in der Schweiz die Schweizerische Kynologische Gesellschaft (SKG; alle Adressen im Anhang). Diese Verbände überwachen das Zucht- und Ausstellungswesen sowie die Standards (Beschreibungen der Rassemerkmale), um international eine Übereinstimmung bezüglich der Anforderungen an die jeweilige Rasse zu gewährleisten. So werden Bearded Collies in der ganzen Welt nach einheitlichen Maßstäben bewertet. Stellen Sie sich vor, die Beardies in Holland sähen anders aus als die in Deutschland! Man könnte nie über die Grenzen hinaus züchten und ausstellen. Die Rassen gingen an zu kleiner Zuchtbasis und ungesunder Inzucht zugrunde.

Auch wenn ein Hund wie ein Beardie aussehen mag – erst die Ahnentafel erhebt ihn aus dem rasselosen Nichts in den Stand der edlen Rassehunde; denn wie sollte man sonst beweisen können, daß die Vorfahren wirklich echte Beardies waren und sich nicht etwa ein Spitz eingeschlichen hat, dessen Merkmale bei der nächsten Generation auftreten?

Wo kauft man einen Beardie?

Die Zuchtbestimmungen sind da zum Schutz der Reinrassigkeit und der Zuchttiere gegen Ausbeutung gewinnausgerichteter Züchter. Gewerbsmäßige Züchter und Händler werden von den genannten Zuchtvereinen nicht aufgenommen. Daher verkaufen sie keine Hunde mit Ahnentafeln dieser Zuchtvereine. Umgekehrt ist es den Züchtern dieser Vereine nicht gestattet, ihre Welpen über Händler zu verkaufen.

Wird Ihnen ein Welpe angeboten, prüfen Sie sorgfältig seine Ahnentafel. Auch wenn es sich um eine englische Ahnentafel handelt, ist Vorsicht geboten. In Massen produzieren Farmer in Großbritannien Welpen für den Weiterverkauf an Händler, insbesondere Exporthändler. Kein gewissenhafter englischer Züchter würde seine Welpen über den Handel ins Ausland verkaufen. Da Bearded Collies jedoch eine englische Rasse sind, lassen sich Kaufinteressenten dazu verleiten, einen Hund mit einer angeblich »original« englischen Ahnentafel für etwas ganz Besonderes zu halten.

Wir mußten leider schon erleben, daß darunter schwächliche, kranke, im besten Fall fehlgezeichnete Welpen waren, denen nur eine vom Züchter selbst geschriebene Ahnentafel und keine Ahnentafel vom Kennel Club, London, der die englische Hundezucht überwacht, mitgegeben worden war. Auch wenn Sie kein Abstammungsfanatiker sind, sollten Sie also von einem solchen Kauf Abstand nehmen.

Werden Sie dagegen nicht mißtrauisch, wenn Ihnen ein dem Zuchtverband angeschlossener Züchter stolz seine aus England importierten, erfolgreichen Zuchttiere vorführt (die verständlicherweise natürlich nicht verkäuflich sind). Zur Erweiterung der Zuchtbasis werden immer wieder aus seriösen englischen Zuchten wertvolle Hunde importiert.

Angesichts der Tatsache, daß Ihr neuer Hausgenosse – hoffentlich – für die nächsten 10 bis 15 Jahre Ihr Begleiter sein wird, lohnt die Mühe, sich vorher mit der Rasse vertraut zu machen. Ich empfehle den Besuch einer Hundeausstellung. Beim Rassezuchtverein (Adressen im Anhang) erfahren Sie Ort und Zeit der Schauen. Dort lernen Sie Züchter und deren Hunde kennen, können sich ein genaues Bild über die gewünschte Rasse machen und evtl. bereits erste Kontakte knüpfen.

Im Tiermarkt der Tageszeitung kann man Züchteradressen finden. Doch die Gefahr, einem Händler oder Massenzüchter (Vorsicht bei »Züchter«-Anzeigen, die mehrere verschiedene Rassen anbieten) aufzusitzen, ist groß. Vergewissern Sie sich, daß die Welpen bei einem der im Anhang aufgeführten Zuchtvereine eingetragen sind.

Der Zuchtverein vermittelt Ihnen gerne kostenlos Anschriften von Züchtern, die in Ihrer Nähe wohnen und möglicherweise gerade Welpen haben. Bei bekannten Züchtern sind die Welpen oft vorbestellt oder gerade dann keine zu haben, wenn Sie einen haben wollen. Wenn Ihnen der Züchter und seine Tiere zusagen, lohnt es sich zu warten.

Der Bearded Collie als Hausgenosse

Die Qual der Wahl: Der Züchter und die künftige Beardie-Besitzerin suchen den passenden Welpen aus.

Der Gang zum Züchter

Vereinbaren Sie frühzeitig einen Besuchstermin mit dem Züchter, damit er Zeit für Sie hat. Lassen Sie sich auch die erwachsenen Hunde zeigen, die gut gepflegt sein sollten. Kein Tier darf scheu oder bissig sein. Die Hunde sollten sich in der Gegenwart ihres Besitzers Fremden gegenüber freundlich und unbefangen verhalten und ein offensichtlich gutes Verhältnis zum Züchter haben.

Schauen Sie sich die Mutter der Welpen an und wundern Sie sich nicht, wenn sie zerrupft und nicht besonders hübsch aussieht. Welpen zehren sehr an ihren Kräften, und besonders das Fell hat zu leiden. Mißtrauen ist angebracht, wenn man Ihnen die Mutterhündin nicht zeigen kann. In den seltensten Fällen besitzt der Züchter den Vaterrüden, ihn kann man meist auf Fotos bewundern.

Die Unterkunft der Hunde sollte luftig, geräumig und sauber sein. Ungereinigte Futterschüsseln, Kot und Urin zeugen von mangelnder Sorgfalt. Möglichkeit zu viel freiem Auslauf muß gegeben sein, die Tiere sollen nicht in irgendwelchen dunklen Ställen untergebracht sein. Besuchen Sie nach Möglichkeit mehrere Züchter und kaufen Sie letztlich dort, wo Ihnen die Verhältnisse am sympathischsten sind. Kaufen Sie nicht mit ungutem Gefühl bei einem Züchter, nur weil seine Welpen billiger sind. Sie werden es bereuen. Denken Sie immer daran, daß der Anschaffungspreis der geringste Kostenfaktor der Hundehaltung ist.

Fragen Sie den Züchter alles, was Ihnen unklar ist und was Sie wissen möchten. Der nicht zu unterschätzende Vorteil des Kaufs bei einem Züchter im Gegensatz zum Händler ist, daß Sie mit allen Problemen und Sorgen, die im Laufe eines Hundelebens auf Sie zukommen können, auf seine Erfahrungen und Kenntnisse zurückgreifen dürfen. Er wird Ihnen auch Fragen stellen, was Ihnen vielleicht seltsam vorkommt, aber ein gewissenhafter Züchter ist bemüht, für seine Hunde die richtigen Partner zu finden.

Die Qual der Wahl

Stehen Sie vor einer kleinen Meute flauschiger Teddybären, zügeln Sie Ihr Entzücken, bewahren Sie einen kühlen Kopf und prüfen Sie die Welpen sorgfältig. Nehmen Sie sich Zeit, die Welpen zu beobachten, um Unterschiede festzustellen. Achten Sie darauf, daß die Tierchen keine tränenden Augen oder Nasen haben, daß Zahnfleisch und Schleimhäute rosig sind. Die Beinchen sind gerade, der Körper

fest-fleischig anzufassen. Sind die Welpen mager und haben aufgeblähte Bäuche, deutet dies auf eine mangelhafte Ernährung und Wurmbefall hin. Das Fellchen muß wollig und sauber sein, besonders an After und Genitalien, die Haut frei von Schuppen und Schorfen. Die Welpen sollten rundum appetitlich sein und nicht stinken.

Denken Sie daran, daß Sie Mängel in der Aufzucht bis zur achten Woche nicht mehr gutmachen können. Kaufen Sie daher von vornherein einen bestens aufgezogenen und gesunden Welpen.

Neugierig und fröhlich sollen die Welpen auf Sie zutapsen und sich nicht scheu in eine Ecke verdrücken oder vor Ihnen ausweichen. Mit diesen Außenseitern würden Sie später wahrscheinlich viel Mühe haben. Ältere Leute oder eine Familie mit Kleinkindern sollte sich einen ruhigen, ausgeglichenen Hund aussuchen. Ein kleiner Rowdy ist ideal für Leute, die genug Durchsetzungsvermögen haben, es mit ihm aufzunehmen und ihn mit Konsequenz und Verständnis zu erziehen. Familien mit größeren Kindern sollten sich einen lebhaften Welpen aussuchen, der sofort auf sie zukommt und Kontakt anknüpfen möchte.

Haben Sie sich für ein Welpchen entschieden, machen Sie einen Kaufvertrag. Dieser sollte bestätigen, daß der Welpe zum Zeitpunkt des Verkaufs entwurmt, frei von Ungeziefer und sichtbaren Krankheiten und Mängeln ist sowie die seinem Alter entsprechenden Impfungen erhalten hat. Lassen Sie sich den Kaufpreis quittieren und die Ahnentafel zusammen mit dem Impfpaß aushändigen.

Abholen und Eingewöhnen im neuen Heim

Vermeiden Sie, wenn irgend möglich, sich Ihren Welpen schicken zu lassen. Die meisten Züchter verweigern dies ohnehin. Der Versand in einer Kiste kann für einen Welpen einen Schock bedeuten, den er sein Leben lang nicht vergißt.

Doch auch die erste Autofahrt entscheidet darüber, ob der Welpe ein »guter Autofahrer« werden wird oder nicht. Holen Sie einen Welpen nur mit einem Begleiter ab, um ihm volle Aufmerksamkeit schenken zu können. Bitten Sie den Züchter, den Welpen einige Stunden vor dem Abholen nicht zu füttern, und legen Sie den Wagen vorsichtshalber mit Zeitungen aus, falls der Welpe erbricht. Haben Sie für alle Fälle eine Rolle Papierhandtücher parat. Für eine längere Fahrt nehmen sie eine Schüssel und eine Flasche Wasser mit, um bei den Pausen unterwegs Wasser reichen zu können. Daß vorsichtig und sanft gefahren werden muß, sollte selbstverständlich sein. Halten Sie oft und lassen Sie den Welpen, natürlich an der Leine, schnüffeln und sich lösen. Reden Sie viel mit ihm, damit er sich nicht verlassen vorkommt.

Wählen Sie den Zeitpunkt der Anschaffung so, daß Sie ein paar Tage Ruhe und Zeit haben, sich ausschließlich dem Welpen zu widmen. Besucher sind in den ersten Tagen unerwünscht, denn der Neuankömmling soll in Ruhe die neue Umgebung erkunden können. Lassen Sie ihn dabei seine eigenen Wege gehen und verwirren Sie ihn nicht, indem Sie ihm ständig etwas Neues vorführen. Zeigen Sie ihm lediglich seinen Schlaf- und Eßplatz sowie den ihm zugedachten Löseplatz. Vermeiden Sie Kontakte mit fremden Hunden und Spaziergänge außerhalb des Grundstücks, bis der Welpe die Nachimpfungen (mit ca. 12 bis 14 Wochen) und damit vollständigen Impfschutz erhalten hat.

Der Schlafplatz

Schaffen Sie Ihrem neuen Gefährten einen Platz in einer zugfreien, ruhigen Ecke, auf den er sich ungestört zurückziehen kann. Hunde brauchen viel Schlaf, ganz besonders aber der Welpe, der den Schlaf nur zum Fressen und für kurze Spielperioden unterbricht. Hunde, die in einer lebhaften Familie leben und sich nicht zurückziehen können, weil sie ständig wachgehalten werden, gedeihen weniger gut und werden nervös.

Bei der Wahl des Platzes sollten Sie berücksichtigen, daß ihn der langhaarige, feuchte Hund erreichen kann, ohne durch die ganze Wohnung tapsen zu müssen.

Das Hundelager besteht aus einem Holzrost auf ca. 20 cm hohen Beinen. Darauf kommt eine Matratze mit auswechselbarem, waschbarem Überzug. Die Lagerstatt sollte so groß sein, daß sich der erwachsene Hund darauf lang ausstrecken kann. Sie können die Wände um das Hundebett mit Holz verkleiden, weil sonst die Tapete rasch unansehnlich wird. Der Welpe mag sich auf dem großen Bett verloren vorkommen, stellen Sie ihm daher einen Karton oder eine Kiste darauf, in die er sich kuscheln kann.

Der Hundebedarfshandel bietet eine Vielzahl von Unterlagen, Hundebetten und Körben an. Sofern das Bett in der dem Hund genehmen Ecke steht, wird es auch angenommen. Sie sollten ein wenig flexibel sein und einen Hund nicht dorthin zwingen, wo er sich nicht wohlfühlt.

Leider neigen junge Hunde dazu, ihre Betten anzuknabbern, was bei Schaumstoffen, aber auch bei Weidenkörben böse Folgen haben kann. Wir haben schon erlebt, daß ein Welpe die abgekauten Weidenstücke verschluckte, die den Darm zu durchbohren drohten. Der Hund konnte glücklicherweise gerettet werden, aber es war kritisch!

Leider suchen sich Hunde besonders gerne ein kühles Plätzchen zum Ruhen. Bestehen Sie darauf, daß er wenigstens eine Decke als Unterlage akzeptiert, und legen Sie Stoffschlangen vor die Türen, um Zugluft, die unweigerlich unter allen Ritzen hereinzieht, abzustellen. Da langhaarige Hunde, insbesondere wenn sie feuchte Haare haben, sehr krankheitsanfällig sind (vor allem im Nieren- und Blasenbereich), müssen Sie dem Liegeplatz des Hundes größte Aufmerksamkeit widmen.

Der Platz darf nicht an der Heizung sein, denn Bearded Collies haben einen dicken Pelz, der sie warmhält. Zuviel Wärme schadet dem Fell und verweichlicht den Hund. Wenn Sie ein neueres Haus mit einem hellen, trockenen Keller bewohnen, können sie ein weiteres Hundebett

auch dort einrichten. Natürlich erspart dies nicht ein Lager in der Wohnung, und der Hund muß selbst entscheiden können, wann er wo liegen will. (Ausnahme: Er kommt naß und schmutzig von einem Spaziergang zurück – dann muß er zum Abtrocknen eben im Keller bleiben.)

Die erste Nacht

Sie wird dem Welpen zum Bewußtsein bringen, daß er seine Familie endgültig verlassen hat, und er wird nach ihr rufen. Doch erfahrungsgemäß geht die Umgewöhnung rasch und problemlos vonstatten. Viele Leute bevorzugen, das Hundebett im Schlafzimmer aufzustellen, so daß sie den Welpen jederzeit mit der Hand berühren können. Das hat den Vorteil, daß sich der Welpe geborgen fühlt und Sie sofort aus dem Bett springen können, wenn der Kleine unruhig wird und ein Geschäftchen verrichten muß. Sie müssen aber damit rechnen, daß Ihr Bearded Collie nun sein Leben lang in Ihrem Schlafzimmer schlafen möchte, und Sie werden dem erwachsenen Hund nur schwer klarmachen können, daß er hier auf einmal nichts mehr zu suchen hat.

Der Eßplatz

Legen Sie von Anfang an einen Eßplatz für den Hund fest, der Ihnen praktisch erscheint. Der Boden sollte leicht zu reinigen sein, da Hunde gerne kleckern. Abgeschüttelte Flokken können an Möbeln und Wänden landen. Viele Hunde mögen keine Zuschauer und Unruhe beim Essen. Wenn Ihr Hund unruhig und nicht zügig frißt, kann es daran liegen, daß ihm der Platz nicht behagt. Dann probieren Sie es an einer anderen Stelle: Vielleicht frißt er lieber bei seinem Schlafplatz.

Stuben- reinheit

Überlegen Sie sich frühzeitig, wo Ihr Hund sein Geschäft verrichten soll. Bequem ist natürlich der Garten, aber die Haufen eines Beardies tragen nicht gerade zur Verschönerung bei. Urin verbrennt den Rasen und läßt so manches Gewächs eingehen. Wenn Ihr Garten groß genug ist, richten Sie einen festen Löseplatz ein, den Sie stets sauberhalten, indem Sie ihn mit Sand und Kies aufschütten und gelegentlich abspritzen, desinfizieren, abgraben und neu aufschütten.

Wenn Sie in freier Natur wohnen, wäre es besser, den Hund auszuführen. Allzuweit sollte der Löseplatz nicht entfernt sein, denn er muß rasch und bei jedem Wetter Tag und Nacht zu erreichen sein. Machen Sie Ihre Nachbarn nicht zu Hundefeinden und benutzen deren Vorgärten oder den Bürgersteig! Der Löseplatz darf niemanden stören.

Gewöhnen Sie den Welpen vom ersten Tag an den von Ihnen ausgewählten Löseplatz. Hat er sich wegen Ihrer Bequemlichkeit erst einmal daran gewöhnt, den Garten nach

Gutdünken zu benutzen, wird er auch auf ausgedehnten Spaziergängen einhalten, um sich endlich im Garten lösen zu können!

Wie schnell Ihr Welpe stubenrein wird, hängt von Ihrer Aufmerksamkeit ab. Füttern Sie die letzte Mahlzeit vier Stunden vor dem Schlafengehen, so kann sich der Welpe noch vorher lösen und die Nacht über aushalten. Verhindern Sie, daß er frei in der Wohnung herumwandern kann, wo Sie ihn nicht ständig »unter Aufsicht« haben.

Nach jedem Aufwachen, Fressen und wenn er suchend hin und her läuft, ist ein Geschäftchen fällig. Sie nehmen ihn hoch und befördern ihn schleunigst auf seinen Löseplatz. Hat er sein Geschäft gemacht, wird er gelobt und mit einem Leckerbissen belohnt. Jetzt befindet sich dort die erste Duftmarke, der wichtigste Schritt ist getan.

Ist das Malheur doch einmal in der Wohnung passiert, und Sie ertappen den Welpen dabei, schimpfen Sie mit »Pfui« und bringen ihn zu seinem Löseplatz. Tunken Sie niemals die Nase des kleinen Wesens in das Mißgeschick und strafen Sie es nur für eine Missetat, wenn Sie den Welpen unmittelbar dabei erwischen. Sein kleines Gedächtnis reicht nicht aus, die Strafe mit einer vergangenen Tätigkeit zu verknüpfen. Sie verwirren den Hund und zerstören das aufkeimende Vertrauen zu Ihnen, das unter allen Umständen gehegt und gepflegt werden muß und die Grundlage für das weitere Zusammenleben ist.

Pfützchen entfernt man geruch- und fleckenlos aus Teppichen durch Aufsaugen mit einem Papierküchentuch und anschließendes Abreiben mit Essigwasser.

Halsband und Leine

Für den Welpen eignet sich am besten eine Nylonleine mit eingearbeitetem Halsband; dieses kann man der Halsweite anpassen, so daß er mit dem Kopf nicht aus der Schlinge schlüpfen kann. Dies gilt allerdings nur für den ganz jungen Welpen, nicht für den ungestümen Junghund. Die Leine läßt sich rasch durchbeißen, weshalb es wenig Zweck hätte, den Hund damit irgendwo festzubinden.

Für den etwa vier Monate alten Hund besorgen Sie sich eine grobgliedrige Kette, die entweder auf Zug geführt oder bei der die Leine so eingehakt werden kann, daß sie genau dem Hals angepaßt ist, sich aber nicht zuzieht. Die Kette »wächst« mit, und der junge Hund ist stets sicher. Später, wenn der Hund ausgewachsen ist und manierlich an der Leine geht, kaufen Sie einen rundgenähten Leder- oder Nylonwürger, der sich leicht über den Kopf ziehen läßt, auch ohne Würgezug angehakt werden kann und das Fell schont.

Halsbänder werden übrigens nur angelegt, wenn der Hund das Haus verläßt. Auch das beste und teuerste Halsband schadet der schönen Halskrause Ihres Hundes, wenn er an der Leine zerrt und nicht ordentlich bei Fuß gehen kann.

Korallen- und Stachelhalsbänder sind nur angebracht, wenn versäumt wurde, den jungen Hund »bei Fuß« zu erziehen. Die stumpfen Stacheln bohren sich, wenn er an der Leine zerrt, in den Hals, ohne ihn zu verletzen, doch schmerzhaft genug, um das Zerren zu verleiden. Deshalb Korallenhalsbänder nur zu Erziehungszwecken umlegen!

Kaufen Sie eine zwei Meter lange Lederleine mit eingearbeitetem Griff hinter dem starken Karabinerhaken, deren Ende sich in verschiedene Ringe einhaken läßt. So haben Sie den Hund stets sicher im Griff und können gegebenenfalls die Leine verlängern. Manche Hundehalter finden Aufrolleinen praktisch.

Das Wohnzimmer wurde zum Hundespielzimmer umfunktioniert.

Spielzeug

Welpen wollen und müssen spielen. Gummibälle, die zerbissen und verschluckt werden können, sind sehr gefährlich, ebenso Kinderspielzeug und Stofftiere, die der Kleine im Handumdrehen in Einzelteile zerlegt.

Verschluckte Glasaugen, Drahtstük-ke, Plastikteile können zu qualvollem Tod führen. Elektrokabel dürfen für den jungen Hund nicht erreichbar sein. Grundsätzlich sollten Sie alles vom Hund fernhalten, was auch einem Kleinkind gefährlich werden könnte.

Ein alter zusammengeknoteter Strumpf, Fellreste, alte Handtücher, Lebensmittelkartons (mit lebensmittelechter Farbe bedruckt und ohne jegliche Plastikzusätze) oder Büffelhauterzeugnisse sind ungefährlich und bieten Ihrem Welpen genug Abwechslung, bis seine neuen Zähne durchgebrochen sind und das zwanghafte Nagen von selbst nachläßt.

Bewegung und Auslauf

Sie sind für Beardies von größter Bedeutung. Nicht nur, um sie körperlich fit zu halten, sondern weil diese intelligenten Tiere Abwechslung und geistige Anregung brauchen. Viele Stunden alleingelassen und eingesperrt, werden sie launisch und nervös, nehmen Unarten an, auf die ein Hund mit Bewegung und Abwechslung gar nicht erst gekommen wäre. Es genügt nicht, den Hund im Garten zu lassen, denn von sich aus läuft er nicht annähernd so viel, wie er sollte.

Meistens machen frischgebackene Hundebesitzer vor überschwenglichem Stolz den Fehler, mit dem Welpen überall hinzuwandern. Doch das bekommt ihm gar nicht. Er muß in erster Linie schlafen und fressen, dazwischen spielen, dann wieder fressen

und schlafen. In den ersten Wochen genügt es, wenn Sie in diesen Spielphasen mit dem Welpen toben. Allzulange Spaziergänge schaden dem Wachstum von Muskulatur, Sehnen und Knochen. Junghunde mit zuviel Bewegung schießen in die Höhe, anstatt langsam zu wachsen, und sind meist zu dünn; werden Sehnen und Gelenke zu früh stark beansprucht, führt dies zu unschönen Veränderungen des Körperbaus. Besonders gilt dies für das Problem der Hüftgelenksdysplasie. Vererbung *und* Aufzucht spielen bei dieser Krankheit eine Rolle.

Um den Welpen frühzeitig an seine Umwelt zu gewöhnen, nehmen Sie ihn in die Stadt mit: in Kaufhäuser, auf stark befahrene Straßen, auf den Bahnhof. Solche Erkundungstouren kann der Welpe ruhig auf ihrem Arm unternehmen, damit er nicht getreten wird. Diese »Lehrgänge« sollten anfangs nicht länger als 10 Minuten dauern und alle paar Tage erfolgen. Reden Sie dem Welpen gut zu, muntern Sie ihn auf, wenn er Angst hat (nicht streicheln, für Angst darf nicht belohnt werden; ermutigen, dann loben!) und geben Sie ihm Sicherheit in der ungewohnten Umgebung.

Es ist wichtig, daß schon der kleine Welpe an seine lärmende Umwelt gewöhnt wird, denn verbringt er die ersten Monate im Garten und mit einsamen Waldspaziergängen, wird er beim ersten Omnibus in Panik geraten und unter Umständen sein Leben lang im Straßenverkehr Angst haben.

Wählen Sie den Zeitpunkt für Spaziergänge vor der Fütterung. Der Hund bekommt Appetit und kann dann nach dem Fressen in Ruhe verdauen.

*»Ich möchte auch mit-
spielen!« – Doch die
beiden Großen neh-
men den Kleinen im
Eifer um die »Beute«
gar nicht wahr.*

Ab dem vierten Monat können Sie
ausgedehntere Ausflüge mit dem
Welpen unternehmen; gehen Sie aber
nur so weit, wie er freudig mitgeht.
Trottet er lustlos hinterher, war die
Strecke zu lang. Vorsicht, manche
Welpen scheinen nie genug zu kriegen
und überfordern sich selbst! Eine
halbe Stunde morgens und abends genügt.

Ab neun Monaten darf sich ein
Spaziergang auf ca. 45 Minuten er-
strecken, ab einem Jahr machen dem
Beardie Wanderungen von mehreren
Stunden nichts mehr aus. Im Gegenteil, Sie können Ihren Hund gar nicht
müde laufen. Mittlerweile sollte der
Hund absolut gehorsam sein und auf
Ruf sofort zurückkommen, damit Sie
ihn in gefahrloser Gegend frei laufen
lassen können. Ist dies nicht der Fall,
lassen Sie ihn an möglichst langer
Leine seine Umgebung erkunden, er-
schnüffeln und evtl. »Bein heben«.

Begegnen Ihnen fremde Hunde,
geben Sie Ihrem Vierbeiner Gelegenheit, Freundschaft zu schließen und
ein wenig zu spielen. Dem jungen
Hund tut ein älterer selten etwas,
Rüden und Hündinnen kommen immer gut miteinander aus, auch wenn
die vom Rüden bedrängte Hündin
scheinbar gefährlich in die Luft
schnappt, um ihn zu vertreiben. Da es
jedoch leider auch verhaltensgestörte
Hunde gibt, die sich auf Welpen stürzen und zubeißen, fragen Sie den Besitzer, ob der Hund verträglich ist,
ehe Sie freie Bahn gewähren.

Halten Sie Ihren Hund niemals
grundsätzlich von anderen Hunden
fern – im Gegenteil: Kontakte mit
Artgenossen sind für ein gesundes So-
zialverhalten unerläßlich, andernfalls
wird er verhaltensgestört, ängstlich
oder zum bissigen Raufer. Selbstverständlich dulden Sie aber niemals,
daß Ihr Hund fremde Menschen be-
lästigt.

Beardies wildern im allgemeinen
nicht. Bei mehreren unbeaufsichtig-
ten Hunden würde ich allerdings
nicht die Hand ins Feuer legen. Aber
auch wenn Sie wissen, daß Ihr Hund
nur aus Lauffreude einem aufge-
schreckten Reh oder Hasen nach-
rennt, ohne Chance, es je zu fangen,
und sofort auf Ihren Ruf zurück-
kommt – der Jagdaufseher sieht das
anders! Halten sie den Hund deshalb
immer in Ihrem unmittelbaren Ein-
wirkungsbereich, damit er nicht womöglich vor Ihren Augen erschossen
wird. Noch größer ist allerdings die
Gefahr, daß er einem Stück Wild
nachjagend auf eine Straße läuft und
überfahren wird.

Frei laufen muß ein Hund deshalb,
weil seine Gangart nicht der unseren
entspricht – seine normale Fortbewe-

gungsart ist der Trab – und er schneller ermüdet, wenn er sich anpassen muß. Stöckchenwerfen, Versteckspielen und mit anderen Hunden toben sind wesentliche Bestandteile eines Spaziergangs.

Auf längere Märsche nehmen Sie Wasser und einen Becher mit, damit Ihr Hund nicht aus brackigen Pfützen trinkt. In unserer heutigen »sauberen« Umwelt weiß man nie, was sich wirklich im Wasser befindet (z. B. giftige Düngemittel, die der Regen aus den umliegenden Feldern gespült hat). Dies gilt auch für Bäche und andere Gewässer.

Entfernen Sie nach jedem Geländegang Kletten, Grassamen, Grannen und andere »Mitbringsel« aus Fell, Augenwinkeln, Ohren und zwischen den Zehen.

Vermeiden Sie nach Möglichkeit, daß der Junghund vor einem Jahr zu viel Treppen steigt oder springt. Die in Entwicklung befindlichen Sehnen und Gelenke dürfen nicht überbeansprucht werden.

Radfahren

Um dem erwachsenen gesunden Hund (Tierarzt fragen!) Bewegung zu verschaffen, fahren Sie am besten einmal am Tag eine größere Strecke mit dem Fahrrad. Das Fahrradtraining beginnt frühestens beim einjährigen Hund. Sie nehmen ihn an die Leine und schieben das Rad auf der ihm abgewandten Seite nebenher, bis er es zur Kenntnis genommen hat. Dann schieben Sie das Rad zwischen sich und dem Hund. Das geht ein paar Tage so. Gerät der Hund vor das Vor-

derrad, fahren Sie ihn ruhig sanft an, damit er merkt, daß er keinesfalls vor das Rad laufen darf!

Dann steigen Sie auf, und mit dem Kommando »Rad« folgt der Hund an locker durchhängender Leine. Er darf nicht zerren. Führen Sie den Hund am Rad rechts, damit er auf befahrenen Wegen nicht auf der Seite der Autos läuft. Üben Sie an einsamen Plätzen und steigen Sie vorsichtshalber ab, wenn Menschen und Hunde auftauchen. Verlangen Sie »Rad« und reden Sie dem Hund gut zu, damit er sich nicht um die Passanten kümmert. Schnell wird der Hund lernen, ruhig neben dem Rad zu laufen. Ein Rat: Wickeln Sie niemals die Leine um die Hand oder den Lenker, denn rennt der Hund plötzlich los, können Sie schwer stürzen.

Vor einer Radtour geben Sie dem Hund ausreichend Gelegenheit zu schnüffeln, sich zu lösen und ein paar Runden Stöckchen zu spielen, bis der erste Übermut verraucht ist. Die ersten Touren sollten nicht länger als zehn Minuten dauern, denn weder Fußballen noch Muskulatur des Hundes sind die Beanspruchung gewöhnt. Auf Asphalt laufen sich die Pfoten schnell wund, wenn sie vorher nur weichen Boden kannten. Ganz allmählich verlängern Sie die Strecke; beim trainierten Hund sind 10 km und mehr ohne wesentliche Ermüdungserscheinungen möglich. Allerdings dauert es Monate, bis Ihr Hund eine solche Kondition hat.

Der Hund muß Ihnen im ausgestreckten Trab folgen können, niemals darf er galoppieren, denn erzwungenes Galoppieren über lange Strecken schadet Herz und Knochen. Vergessen Sie auch auf langen Strecken Schnüffel- und Lösepause nicht –

Sie müssen ja keine Rekorde brechen! Wechseln Sie öfter die Route (auch bei Spaziergängen), damit der Hund neue und belebende Eindrücke gewinnen kann. Glauben Sie mir: Ihr Hund wird ein begeisterter Radläufer werden, was seiner und Ihrer Gesundheit bestens bekommt. Es versteht sich von selbst, daß bei heißem Wetter nur in den kühlen Stunden des Tages, am besten morgens, radgefahren wird!

Hund und Auto

Das Auto ist für uns zum selbstverständlichen Transportmittel geworden, und ein Hund, der sabbert oder erbricht, ist eine echte Belastung. Dies kann man vermeiden, indem der Hund gar nicht erst Gelegenheit bekommt, sich übel zu fühlen und zu erbrechen. Heben Sie den jungen Hund stets ins Auto und aus dem Auto heraus. Erstens sollen junge Hunde nicht springen, und zweitens darf er das Auto nur auf ein Kommando hin verlassen, um sich nicht zu gefährden.

Weisen Sie dem Hund von Anfang an einen festen Platz im Fahrzeug zu. Ein Kombi mit Ladefläche wäre ideal. Besorgen Sie sich ein Trenngitter oder Netz, das den Personenraum abtrennt, damit der Hund nicht über die Sitze springen und den Fahrer stören kann. Legen Sie die Ladefläche mit einem rutschfesten Teppichboden aus. Haben Sie keinen Kombi, gewöhnen Sie den Hund sofort an einen bestimmten Platz auf dem Rücksitz. Binden Sie ihn notfalls fest, damit er nicht nach vorne fällt, aber bitte nicht so kurz, daß er sich womöglich auf-

Ideal ist natürlich ein Kombi mit Trenngitter.

hängt. Legen Sie vorsichtshalber seinen Platz mit Zeitungen aus, um ein Malheur problemlos entfernen zu können. Aufgeregte Hunde neigen meist zu Durchfall.

Die ersten Fahrten sollten nur wenige Minuten dauern (ausgenommen das Abholen beim Züchter). Fahren Sie vorsichtig, nehmen Sie die Kurven sanft. Fahren Sie niemals unmittelbar nach dem Füttern. Die Autofahrt sollte stets mit einem freudigen Ereignis, z. B. einem Spaziergang mit Spielrunde enden; oder beim Metzger mit herrlichen Leckerbissen als Belohnung. Fahren Sie zur Gewöhnung auch die kürzeste Strecke zum nächsten Wald- oder Feldweg, ehe Sie spazierengehen.

Nützen alle Bemühungen nichts, und Ihr Hund sabbert und erbricht weiterhin, lassen Sie sich vor längeren Reisen vom Tierarzt Reisetabletten geben. Gute Erfolge hatten einige Hundebesitzer mit Elektroableitern, die unter dem Wagen angebracht werden und auf der Fahrbahn schleifen.

Niemals darf man vergessen, das Auto im Schatten zu parken (den Lauf der Sonne vorausberechnen!) und die Fenster einen Spaltbreit offen zu lassen. Hunde brauchen mehr Sauerstoff als Menschen, und da sie nicht schwitzen können wie wir (sie hecheln lediglich zur Abkühlung), sind schon viele Hunde einem Hitzschlag erlegen.

Praktisch sind kleine Gitter, die sich zwischen die halb aufgekurbelten Fenster klemmen lassen und reichlich Luftzufuhr gewährleisten, ohne daß der Hund hinausspringen kann oder Fremde hineinfassen können. Jedoch Vorsicht vor Dieben! Am besten läßt man den Hund bei warmem Wetter überhaupt nicht im Auto!

Hund und Urlaub

Nehmen Sie Ihren Hund mit in Urlaub, müssen Sie einen Ort wählen, der auch Ihrem Hund zuzumuten ist. Einen reinen Badeurlaub in Spanien oder Italien sollte man unseren langhaarigen Freunden ersparen. Stunden am heißen Strand zu verbringen, ist genauso eine Quälerei wie stundenlanges Warten im Hotelzimmer oder gar im Wohnwagen. Die meisten Badestrände untersagen ohnehin die Anwesenheit von Hunden.

Wenn Sie doch einmal an einem Strand waren, kommt Ihr Beardie naß und sandverklebt nach Hause. Selbst in hundefreundlichen Hotels wird man Ihrem Fellbären in diesem Zustand kritisch gegenüberstehen! Ob Hotel, Ferienhaus oder Campingplatz, erkundigen Sie sich vorher, ob Hunde erlaubt sind, und melden Sie Ihren Vierbeiner ausdrücklich an, um böse Überraschungen bei der Ankunft zu vermeiden.

Packen Sie Handtücher, Pflegeutensilien, Futterschüsseln, soweit möglich gewohntes Futter und die Hundedecke ein. Für die Reise immer frisches Wasser mitnehmen, öfter Pausen zum Lösen und Trinken machen.

Zwei Monate vor Reiseantritt erkundigen Sie sich nach dem neuesten Stand der Einreisebedingungen für Hunde. Für praktisch alle Länder ist eine Tollwutschutzimpfung erforderlich, die nicht jünger als 30 Tage und nicht älter als ein Jahr sein darf. Manche Länder verlangen zusätzliche Impfungen, in wieder anderen

Ostern am Atlantik ist das Wetter für Beardies gerade richtig und der Urlaub am Strand ein Vergnügen.

herrscht Maulkorbzwang. (Gewöhnen Sie Ihren Hund frühzeitig an das Tragen eines Maulkorbs!)

In der Bahn können Hunde im Abteil mitgenommen werden, sofern Mitreisende sich nicht beschweren, ansonsten müssen sie im Gepäckabteil befördert werden.

Flugreisen sind heute auch mit Hund kein Problem mehr. Hunde werden zwar im Gepäckraum befördert, genießen aber eine freundliche, zuvorkommende Behandlung. Man sollte nur rechtzeitig vor Reiseantritt buchen. Der Hund wird in einer genormten Transportkiste untergebracht, die man kaufen muß. Es ist ratsam, sie frühzeitig anzuschaffen, damit man den Hund daran gewöhnt, sie als angenehme Wohnhöhle schätzen zu lernen. Hat er sie akzeptiert, wird er sich in ihr sicher fühlen, wenn all die unbekannten Eindrücke der Flugreise auf ihn einstürmen. Die Anschaffung einer Flugkiste (sie ist relativ leicht und zerlegbar) lohnt sich in jedem Fall, weil man den Hund in jeder Situation sicher überallhin transportieren kann.

Steuer und Versicherung

Hunde sind steuerpflichtig. Melden Sie den Welpen ab dem 3. Monat an. Bei mehreren Hunden kommt unter bestimmten Voraussetzungen die ermäßigte Zwingersteuer zur Anwendung. Informieren Sie sich, Sie können u. U. Geld sparen.

Schließen Sie in jedem Fall eine Hundehaftpflichtversicherung ab. Weniger wegen des Risikos, daß Ihr Hund jemanden beißen könnte; aber Ihr Hund kann beispielweise in einen Unfall verwickelt werden, an dessen Folgekosten Sie Ihr Leben lang zu tragen hätten.

Die Ernährung des Beardie

Der Hund ist von Hause aus Fleischfresser, was aber nicht bedeutet, daß er sich ausschließlich von Fleisch ernährt. Ahnherr Wolf bricht zuerst beim Beutetier die Bauchdecke auf und frißt die Innereien, insbesondere den Magen und Darm mit dem halb oder ganz verdauten pflanzlichen Inhalt. Erst dann frißt er das Muskelfleisch, später die Haut, ganz zum Schluß werden die Knochen abgenagt. Kleine Beutetiere wie Mäuse und Kaninchen verschlingt er mit Haut und Haar. Es wurde beobachtet, daß Wölfe Beeren und Früchte aufnahmen, ja sogar Pilze. Unsere Hunde »pflücken« gerne Brombeeren oder fressen Fallobst (Vorsicht, Wespenstiche!).

Was schließen wir daraus, wenn wir unseren Hund artgerecht ernähren wollen? Er braucht Fleisch, aber nicht nur, und dank seiner Anpassungsfähigkeit an die Lebensverhältnisse des Menschen kann er sehr gut mit einem recht großen Anteil Getreidekost leben, ja er *braucht* diese Kohlenhydrate. Bei unseren Hausgenossen, die körperlich eher zu wenig beansprucht werden, können wir beim erwachsenen Tier ein Verhältnis von $1/3$ Frischfleisch zu $2/3$ Getreidekost rechnen, wobei ein wenig Kochsalz zugefüttert werden muß. Für wachsende Hunde, tragende und säugende Hündinnen, aktive Deckrüden und sportlich arbeitende Hunde gilt i.d.R. $2/3$ Fleisch und $1/3$ Getreidekost.

Frischfutter

Ernähren Sie Ihren Hund auf Frischfutterbasis, so müssen Sie für Abwechslung sorgen, um sicherzugehen, daß er alle Nährstoffe, Vitamine und Mineralstoffe bekommt, die er braucht.

Mit Fleisch meine ich alle Teile von Schlachttieren, Kaninchen, Wild und Geflügel; auch Fisch ist gut. Ei ist eine besonders wertvolle Eiweißquelle. Rohes Eiklar allerdings zerstört das wertvolle Biotin (aus dem Vitamin-B-Komplex) im Körper. Deshalb sollte man hin und wieder lediglich ein Ei*gelb* oder ein *gekochtes* Ei geben.

Fleisch wird roh oder überbrüht gefüttert oder angekocht, sofern es nicht mehr hundertprozentig frisch ist. Schweinefleisch darf nur gekocht gegeben werden, um die Erreger der Aujeszkyschen Krankheit abzutöten, die für den Hund tödlich verläuft. Wer ganz sicher gehen will, kocht jedes Fleisch ab. Bei Schweinefleisch kommt hinzu, daß es zu Juckreizen und Ekzemen führt.

Wild nur füttern, wenn es für den menschlichen Genuß freigegeben ist. Geflügel, besonders tiefgefrorenes, wegen der Salmonellengefahr besser kochen. Gekochtes Geflügel und Kaninchen müssen sorgfältig entbeint werden, denn die gegarten Knochen splittern. Dieses Fleisch eignet sich besonders als Anreiz für schlechte Fresser. Hammelfleisch und Innereien ergeben ebenfalls ein gutes Hundefutter. Rohe Leber, Milz und Lunge haben jedoch eine abführende Wirkung; besser gekocht reichen.

Schneiden Sie nicht grundsätzlich alles Fett vom Fleisch ab. Sollte es zu fett sein, kochen Sie es und heben die Fettschicht von der erkalteten Brühe ab (Brühe zum Futter geben, da sie wertvolle Stoffe enthält), doch etwas Fett braucht der Hund, in erster Linie als Energielieferant.

Fisch, der sorgfältig entgrätet sein muß, bietet eine willkommene Abwechslung, sollte aber hitzebehandelt werden (Kochen, Braten, Dünsten), da roher Fisch Durchfall verursachen kann. Hin und wieder ein Bückling ist ein besonderer Leckerbissen.

Frischer, grüner Pansen ist für jeden Hund ein wertvolles Zufutter, ihn kleinzuschneiden ist allerdings unschön, denn er stinkt fürchterlich.

Am praktischsten, sauber und mit geringem Aufwand kann man füttern, indem man alle möglichen Fleischsorten in größeren Mengen einkauft (z. B. Suppenfleisch vom Rind, Kopffleisch, Herz, Niere, Leber, Pansen, Euter, Lunge, Milz, Geflügelklein usw.), kleinschneidet, vermischt und portionsweise einfriert. Tiefgefrorenes Fleisch nur vollständig aufgetaut und handwarm reichen! Auch Kühlschranktemperatur führt zu Durchfall. Vielerorts gibt es inzwischen Hundefutterfachgeschäfte, die Frischfleisch sortiert, gemischt und portionsgerecht verpackt anbieten.

Unter **Getreidekost** fallen brauner, ungeschälter Reis, Haferflocken, altbackenes Vollkornbrot, Graupen, Nudeln, Hundekuchen und vorfabrizierte Flocken als Beifutter (Vorsicht – nicht verwechseln mit Vollnahrung in Flockenform, die Fleisch enthält). Der Hund kann pflanzliche Kost nur *aufgeschlossen* verdauen, das ist bei Haferflocken, Vollkornbrot und Nudeln der Fall. Alle anderen Getreideprodukte müssen hitzebehandelt werden, um die unverdauliche Zelluloseschale aufzusprengen.

Gemüsefütterung ist auch für den Hund gesund (mit Ausnahme der blähenden Sorten). So trägt beispielsweise Knoblauch zur Verbesserung der Darmflora bei. Sie brühen die ungewürzten Gemüsereste ab, schneiden sie klein und mischen sie unters Futter. Es bleibt Ihnen überlassen, ob Sie Getreidekost und Fleisch zusammen in einem handwarmen festen Brei reichen oder lieber morgens einige Scheiben Vollkornbrot mit Margarine bestrichen geben, mittags nur Fleisch und abends einige Hundekuchen. Breiige Beikost verklebt den Bart unserer Hunde, und die meisten schütteln ohnehin die Flocken von den Fleischbrocken. Solange Sie das richtige Verhältnis von Fleisch zu Getreide einhalten, spielt es keine Rolle, wann und wie Sie dies füttern.

In Fleisch und besonders in Fisch ist verhältnismäßig viel Phosphor, jedoch wenig Kalzium enthalten. Deshalb müssen Sie bei Frischkost zusätzlich Kalzium und Vitamine, vor allem aus dem Vitamin-B-Komplex (am besten über Hefe) reichen; bei Mineralstoff-Vitamin-Präparaten deshalb auf ein möglichst weites Kalzium/Phosphor-Verhältnis achten (mind. 2:1). In der Nahrung ist das optimale Verhältnis von Kalzium und Phosphor 1,2 Teile Kalzium zu 1 Teil Phosphor.

Vorsicht, viele Vitamin-Präparate enthalten, wenn man nach der Gebrauchsanweisung dosiert, zuviel Vitamin D und Vitamin A; die durch eine Überdosierung hervorgerufene Knochenerkrankung ist dieselbe wie bei der Phosphorüberdosierung. (Vitamin-A-Bedarf 220/E beim wachsenden, 110/E beim erwachsenen Hund, Vitamin-D-Bedarf 22/E bzw. 11/E pro kg Körpergewicht am Tag.)

Einmal in der Woche, jeweils an einem anderen Tag, geben Sie einen Eßlöffel Distelöl (reich an ungesättigten Fettsäuren), einen Becher geschmacklosen Yoghurt und ein Eigelb unters Futter. Bierhefe liefert u. a. alle Vitamine aus dem Vitamin-B-Komplex und sorgt für schönes Haar. Ein Überschuß an Vitamin B ist unschädlich und wird ausgeschieden.

Mit oben beschriebener Kost dürfte Ihr Hund alles bekommen, was er braucht, und bestens gedeihen. Bei einigen Hunden kann der Stoffwechsel so veranlagt sein, daß trotz abwechslungsreicher Kost Mangelerscheinungen auftreten. Experimentieren Sie nicht, lassen Sie den Mangel vom Tierarzt gezielt feststellen.

Fertigfutter

Fertigfutter enthält alles, was ein normaler Hund braucht, ist einfach zu füttern und in größeren Mengen gut

zu lagern. Wenn Ihr Welpe vom Züchter her ein bestimmtes Fertigfutter kannte, behalten Sie es bei. Füttern Sie dieselbe Marke über längere Zeit hinweg, ein Hund braucht keine geschmackliche Abwechslung. Wenn Sie hingegen dauernd die Marke wechseln, dürfen Sie sich nicht wundern, wenn Ihrem Hund das nicht bekommt und er mit Durchfall reagiert. Da nicht jeder Hund jedes Futter für seine Bedürfnisse gleich gut auswertet und nicht alle Fertigfutter die gleiche Qualität haben, können sie nach längerem Füttern eines Produktes auf ein anderes übergehen.

Die Mindestanforderungen für Fertigfutter wurden von der National Academy of Sciences in Amerika erforscht und festgelegt.

22 % Rohprotein (Eiweiß)
5 % Rohfett
1,1 % Kalzium
0,9 % Phosphor
50 % Kohlenhydrate (Getreidekost)

Prüfen Sie ein Produkt anhand dieser Tabelle. Ich persönlich halte weniger von Dosenfutter (wegen Durchfallgefahr) und dem sog. Feucht- oder Halbfeuchtfutter als Dauerfutter. Es gibt viele gute Flocken- und Preßfuttersorten, die trocken, in Brühe (aus Kalbsfüßen) oder warmem Wasser eingeweicht (immer handwarm füttern) gereicht werden. Halten Sie sich bei der Futtermenge an die Angaben des Herstellers. Nur wenn Ihr Hund dabei zu fett oder mager wird, passen Sie die Menge dem Bedarf Ihres Hundes an.

Mit Ausnahme von im Wachstum befindlichen Hunden, tragenden und säugenden Hündinnen sowie stark beanspruchten Deckrüden brauchen Sie bei Vollnahrungen kein Fleisch zusätzlich zu füttern. Das gleiche gilt für die Kalzium- und Vitaminpräparate. Anhand aufwendiger Forschungen wurde festgestellt, was ein normaler erwachsener Hund braucht, und all diese Nährstoffe, Minerale und Vitamine sind im Fertigfutter enthalten. Wenn Sie nun in großen Mengen Fleisch oder Vitaminpräparate zusätzlich füttern, zerstören Sie das wertvolle Gleichgewicht dieser Nährstoffe. Eiweißüberschuß zeigt sich u. a. in nässenden und schwer ausheilenden Ekzemen, die vor allen Dingen bei unseren Hunden schreckliche Auswirkungen haben, weil sie im dichten Fell manchmal erst spät erkannt werden.

Da viele Fertigfutter einen Mangel an sog. ungesättigten Fettsäuren aufweisen, ist es ratsam, über die Woche verteilt zwei Eßlöffel Distelöl hinzuzugeben.

Allgemeine Hinweise

Essensreste sind kein Hundefutter. Ein Hund kann auf Dauer nicht gesund damit leben. Bei eigener Zubereitung von Hundekost, wenn sie zum überwiegenden Teil aus Getreide besteht, gelegentlich eine Prise Salz, aber keine Gewürze verwenden. Erwachsene Hunde können Kuhmilch häufig nicht richtig verdauen, sie neigen daher zu Durchfällen. Statt Milch lieber Quark (ebenfalls sehr eiweißreich) oder Yoghurt geben; der unver-

dauliche Milchzucker ist darin bereits umgesetzt. Käse ist für viele Hunde ein Leckerbissen und eignet sich gut als Belohnungshappen. Er schadet dem Geruchsinn nicht, ist aber kein eigentliches Nahrungsmittel.

Wasser steht – unerläßlich bei Trockenfütterung! – immer frisch und reichlich zur Verfügung. Nach dem Fressen und nach Spaziergängen lassen Sie den Hund aber nur jeweils kleine Mengen auf einmal trinken.

Richten Sie die Fütterungszeiten nach Ihrem Tagesablauf, denn entsprechend muß der Hund Gassigehn. Wichtig ist nur, daß feste Futterzeiten eingehalten werden. Die Hauptmahlzeit am Abend hat sich gut bewährt.

Wieviel ein Hund frißt, sollten Sie selbst ausprobieren. Man sagt, was er nicht zügig in 15 Minuten aufgegessen hat, war zuviel. Ist der Napf schneller leer und der Hund blickt sich suchend um, war es zuwenig. Es sei denn, Ihr Hund kennt nur eine Leidenschaft – Fressen – und würde nie mehr aufhören und fett werden. Die Futtermenge ist von Hund zu Hund verschieden und hängt von seinem Stoffwechsel ab, wieviel Bewegung er hat etc. Daher müssen Sie ausprobieren, bei welcher Menge Ihr Hund die beste Kondition hat.

Die richtige Kondition hat ein Hund dann, wenn Sie die Wirbelsäule und die Hüftknochen gerade noch fühlen können, die Rippen dürfen von einer dünnen Muskelschicht bedeckt, müssen bei kräftigem Nachfassen aber fühlbar sein. Haben Sie sofort Knochen in der Hand, ist er meiner Meinung nach zu mager. Doch es gibt viele magere Hunde, die bei bester Gesundheit mit schönstem Haarkleid leben. Tierärzte sehen die Hunde lieber magerer als zu fleischig. Zuviel Fett ist in jedem Fall ungesund.

Futterreste werden weggeworfen, da sie rasch säuern und zu Magenverstimmungen führen. Nach jeder Mahlzeit wird der Futternapf gespült.

Knochen sind – entgegen landläufiger Meinung – kein ideales Hundefutter. Zu viele Knochen führen zu hartem, bröckeligem Stuhl, der dem Hund große Qualen bereitet. Zum Reinigen und zur Kräftigung des Gebisses eignen sich ebensogut Büffelhautknochen, altbackene Brotrinden und Hundekuchen. Wenn Sie dennoch nicht widerstehen können, Ihrem Hund hin und wieder einen Knochen zu geben, dann achten Sie darauf, daß es rohe Kalbs- oder Rinderknochen sind, keine Kotelett-, Geflügel- oder Kaninchenknochen. Alle gekochten Knochen splittern und können den Rachen- bzw. Mundraum des Hundes verletzen. Geben Sie Knochen nur unter Aufsicht und nie, wenn mehrere Hunde beisammen sind. Aus Futterneid werden dann zu große Stücke hastig verschlungen, bleiben u.U. im Halse stecken und es gibt Streit.

Lassen Sie Ihren Hund niemals nach dem Fressen toben und spielen, es besteht die Gefahr der Magendrehung. Wenn dann nicht sehr schnell operiert werden kann, hat der Hund kaum eine Überlebenschance; meist ist es bereits nach einer Stunde zu spät. Vorsichtshalber füttert man die Hauptmahlzeit auf zwei kleinere Mahlzeiten verteilt, mit einigen Stunden Abstand.

Wollen Sie Ihren Hund von Frischkost auf Fertigfutter oder umgekehrt oder von einer Fertigfutter-Marke auf eine andere umstellen, gehen Sie schrittweise vor, um Durch-

fälle zu vermeiden. Mischen Sie löffelweise das neue Futter unter das alte. Erhöhen Sie die Menge des neuen und verringern die des alten Futters von Tag zu Tag um kleine Portionen, bis der Hund nur noch sein neues Futter bekommt. Stellen Sie niemals plötzlich um.

Bei schlechten Fressern und konditionsschwachen Hunden füttern Sie lieber mehrmals täglich kleine Portionen. Dies gilt auch für alte Hunde. Bis der Hund zwei Jahre alt ist, behalten Sie die tägliche Kalzium-Vitamingabe bei, die dann auch wieder der alte Hund bekommt. (Bei Frischfütterung muß Kalzium immer gegeben werden!)

Die Ernährung des Junghundes

Ein verantwortungsvoller Züchter wird Ihnen einen Futterplan und oft sogar Futter für die Übergangszeit mitgeben. Erfahrungsgemäß sind manche Futterpläne sehr anspruchsvoll, und man fragt sich, ob der Züchter nicht nur vorsichtshalber alles Denkbare hineingepackt hat, um einen guten Eindruck zu machen. Die Gefahr dieser komplizierten Fütterungsanleitungen besteht darin, daß sie der Welpenkäufer in den meisten Fällen nur in den ersten Tagen brav befolgt und dann zur in der Werbung angebotenen, viel einfacheren Fertigfütterung übergeht.

Die wenigsten Züchter machen viel Aufhebens um die Welpenfütterung, sondern haben einen vernünftigen, praktischen Weg gefunden, gesunde, lebensfrohe Hunde aufzuziehen. Die meisten beginnen mit Frischfleisch und stellen später auf Fertignahrung um, viele verlassen sich mit bestem Erfolg auf Spezialaufzuchtfertigfutter.

Seit vielen tausend Jahren begleiten Hunde Menschen, und man fragt sich heute, wie die Spezies überhaupt ohne all die Pülverchen und Tablettchen überleben konnte, die in den letzten 10 bis 20 Jahren von der Industrie auf den Markt geworfen wurden. Sind die Hunde in den letzten 20 Jahren etwa gesünder geworden? Hin und wieder sind gewisse Präparate sicher sinnvoll, aber meist wird in den Hund nur alles hineingestopft, um sich selbst das gute Gefühl zu verschaffen, das bestmögliche für seinen Hund zu tun.

Ich fragte mal eine Mutter, die mir stolz den Futterplan ihres neuen Welpen präsentierte, was sie denn so an Zusätzen ihren Kindern unters Essen mische. Nichts natürlich! Sie ernährte sie ja abwechslungsreich. Ebenso sollten Sie Ihren Welpen ernähren – entweder mit abwechslungsreich selbst zusammengestelltem Futter, oder Sie verlassen sich auf ein von Ihrem Züchter empfohlenes bewährtes Fertigfutter. Dann aber Finger weg von irgendwelchen Zusätzen! Heute leiden Hunde viel mehr an zu üppiger Nahrung als an Mangelerscheinungen.

Viele Züchter legen Wert auf ein rasseuntypisches, viel zu langes Haarkleid und tun alles, von dem sie glauben, daß es das Wachstum des Fells fördern könnte. Vielleicht auch daher die Neigung, jedes Mittelchen auszuprobieren. Haarlänge und Beschaffenheit sind in erster Linie ererbt und nicht angefüttert; ein gesunder, sinnvoll ernährter Hund wird immer das seiner Veranlagung entsprechende Haarkleid entwickeln.

Achten Sie bitte darauf, daß Ihr Welpe nicht zu fett wird. Ein pummeliger, schwerer Welpe mag zwar einen gesunden Eindruck erwecken, aber für die Entwicklung seiner Knochen, Gelenke und Sehnen ist jedes Gramm Körpergewicht zuviel schädlich und fördert Skelettmißbildungen. Gerade die gefürchtete HD wird wesentlich durch falsche Ernährung und Bewegung des Junghundes gefördert.

Deshalb den Welpen mit Maßen füttern! Er soll sich sattfressen, aber nicht überfressen. Er muß bei jeder Mahlzeit hungrig sein und zügig futtern. Man beginnt mit 4 Mahlzeiten am Tag. Allmählich läßt der junge Hund die eine oder andere Mahlzeit aus und pendelt sich meist von alleine auf 3 Mahlzeiten vom 4. bis 7. Monat, auf zwei vom 8. bis 12. Monat ein.

Fütterungsplan für junge Hunde

Welpen bekommen ab der achten Woche vier Mahlzeiten am Tag.
Morgens: Flocken mit Milch (Welpenaufzuchtmilch).
Mittags: Reichlich verschiedene Fleischsorten (in kleine Stücke geschnitten), etwas Getreidekost, dazu ein Kalzium-Vitaminpräparat (Menge lt. Herstellerangaben).
Nachmittags: Flocken mit Milch (wie morgens) und 3 Eßlöffel Magerquark.
Abends: Fleisch und Getreidekost wie mittags.

Die Gesundheit des Beardie

Es empfiehlt sich, den neuerworbenen Hausgenossen gleich einem Tierarzt vorzuführen. Er untersucht, ob der Welpe gut ernährt und gesund ist, ob das kleine Kerlchen Würmer hat. Er gibt Anleitung zur Krallen- und Ohrenpflege und nimmt gegebenenfalls die notwendigen Nachimpfungen vor. Der erste Kontakt mit dem Tierarzt sollte also nicht erst dann geknüpft werden, wenn der Hund krank ist.

Scheint der Hund unlustig, will er nicht recht fressen, verhält er sich auch sonst anders als üblich, so kann dies Anzeichen einer Krankheit sein. Messen Sie im After die Temperatur (Thermometerspitze einfetten). Die Messung wird nach einigen Stunden wiederholt. Liegt sie auch dann noch höher als 39 °C (normal sind 38,0 bis 38,6 °C) und zeigt der Hund gar irgendwelche Hautunreinheiten oder Ausflüsse aus Augen und Nase, wenden Sie sich sofort an den Tierarzt.

Es ist billiger und besser, in Zweifelsfällen vorbeugend zum Tierarzt zu gehen, als nachher eine langwierige Behandlung durchstehen zu müssen.

Niemals kuriert man selbst am Hund herum, auch nicht, wenn »erfahrene« Hundehalter gute Ratschläge erteilen. Niemals wird ein Hund mit einem Hausmittelchen oder gar

Medikamenten aus der Humanmedizin behandelt, wenn das nicht ausdrücklich vom Tierarzt angeraten wurde. Was für uns heilend ist, kann für den Hund schädlich oder gar tödlich sein.

Hunde im höheren Alter sind allgemein anfällig für Nierenerkrankungen. Empfehlenswert ist es, einmal jährlich den Urin (bei Verdacht auf Nierenerkrankungen auch das Blut) untersuchen zu lassen.

Schutz-impfungen

Erfreulicherweise gibt es heute gegen die schweren ansteckenden Hundekrankheiten, die noch vor wenigen Jahrzehnten eine Geißel für Hundefreunde waren, zuverlässige Schutzimpfungen: gegen Staupe, Hepatitis (ansteckende Leberentzündung), Stuttgarter Hundeseuche (Leptospirose), Tollwut und seit einigen Jahren auch gegen Parvovirose und Zwingerhusten.

Bis etwa zur 7. bis 9. Woche genießt der Welpe Impfschutz durch die Muttermilch – vorausgesetzt, die Hündin wurde geimpft. Deshalb er-

Impfkalender

	6. Wo.	8.–10. Wo.	ab 12. Wo.	Wiederholung
Parvovirose	(X)	X	X	jährlich
Staupe	–	X	X	alle 2 Jahre oder jährlich
Hepatitis c. c.	–	X	X	alle 2 Jahre oder jährlich
Leptospirose	–	X	X	jährlich
Tollwut	–	(X)	X	jährlich

halten die Welpen in der 6. Woche die erste Grundimpfung gegen Parvovirose und in der 8. Woche gegen Staupe, Hepatitis und Leptospirose (SHL). Die zweite Grundimpfung erfolgt zwischen der 12. und 14., gegen Parvovirose in der 15. bis 16. Woche. Je nach Impfstoff kann gegen Parvo in der 8. Woche zusammen mit SHL geimpft werden (SHLP).

Zusätzlich wird gegen Tollwut geimpft. Nach neuesten Forschungsergebnissen sollen die Impfungen beim erwachsenen Hund jährlich wiederholt werden.

Wichtig ist, daß der Welpe zum Zeitpunkt der Impfungen vollkommen gesund und frei von Würmern und Ungeziefer ist, wenn die Impfungen anschlagen sollen. Deshalb eine Kotprobe zum Tierarzt bringen; er kann auch Würmer erkennen, die mit dem bloßen Auge nicht zu sehen sind.

Vergiftungen

Leider kommen durch unsere verseuchte Umwelt Vergiftungen immer häufiger vor. Die Symptome sind so vielfältig wie die Ursachen einer Vergiftung. Bei ungewöhnlichem Verhalten, Teilnahmslosigkeit, Erbrechen, Speicheln, Krämpfen, schwerem Durchfall und Blutungen unbedingt den Tierarzt aufsuchen.

Es wäre gut zu wissen, was ein Hund bei Verdacht auf eine Vergiftung in welcher Menge aufgenommen hat, damit der Tierarzt sofort das richtige Gegenmittel anwenden kann. Doch leider weiß man das in den seltensten Fällen. Vergiftungen verlaufen daher fast immer tödlich oder richten schwere Dauerschäden an.

Häufig sind Vergiftungen durch Pflanzenschutzmittel (z.B. »Schneckenkorn«), Düngemittel, Frostschutzmittel (Glysantin), bei denen in der Regel wenig Überlebenschancen bestehen.

Immer wieder hört man von Dicumarol-Vergiftungen. Dicumarol verhindert die Blutgerinnung und wird zur Rattenbekämpfung verwendet. Blutungen aus dem Darm, dem Harnapparat, blutiges Erbrechen deuten auf eine Vergiftung mit Dicumarol hin. Sofortige Behandlung mit Vitamin K hilft, so daß eine sehr gute Überlebenschance ohne Folgeschäden besteht.

Hautunrein-
heiten

Hautunreinheiten erkennt man im Frühstadium schon daran, daß an Stellen, an denen sich der Hund kratzt und leckt, das Haar nicht unmittelbar in seine natürliche Lage zurückfällt.

Auch bei häufigem Kratzen des Hundes ohne sichtbaren Grund den Tierarzt aufsuchen, da es sich um Pilzerkrankungen oder Milben handeln kann, die nur unter dem Mikroskop oder durch die Untersuchungen von Gewebeproben zu erkennen sind.

Bestehen Sie gleich zu Beginn der Behandlung auf einer solchen Untersuchung und probieren Sie nicht auf gut Glück irgendwelche Medikamente aus. Das kann u. U. teuer und für den Hund schlimmer werden! Leider sind Hautprobleme bei allen Hunderassen heute stark verbreitet.

Ekzeme können auf Allergien, Hormonstörungen oder Eiweißüberschuß beruhen und gehören daher sofort in die Behandlung des Tierarztes.

Durchfall

Diese Unpäßlichkeit ist meist ernährungsbedingt und durch einen Fastentag bei schwarzem Tee rasch behoben.

Bei anhaltendem Durchfall jedoch, bei Blut im Stuhl, gar zusammen mit anderen Anzeichen von Unwohlsein, unbedingt sofort den Tierarzt aufsuchen.

Erbrechen

Ein Hund erbricht häufiger, ohne daß man sich Sorgen zu machen braucht. Hat er zu hastig gefressen, kann es vorkommen, daß er einen Teil des Futters hochwürgt, um ihn anschließend wieder zu fressen. Solches Erbrochenes riecht noch nicht einmal unangenehm. Nach Grasfressen bringt er gelegentlich dieses Gras zusammen mit weißem Schaum hoch. Auch das ist kein Grund zur Besorgnis.

Wenn der Hund allerdings häufig erbricht und sich angewidert abwendet, wenn er zudem noch lustlos wirkt, wenn das Erbrochene stinkt oder verfärbt ist (z. B. quittegelb, Blut), suchen Sie *sofort* tierärztlichen Rat.

Magen-
drehung

Auch beim Bearded Collie kommt gelegentlich die gefürchtete Magendrehung, die man früher nur bei großen Hunderassen anzutreffen schien, vor. Die genaue Ursache ist noch immer unbekannt. Dabei bläht sich der Magen durch Gase auf und dreht sich schließlich um die eigene Achse, Magenein- und -ausgang sind verschlossen. Die Hunde zeigen hinter den Rippenbögen ein- oder beidseitige Verwölbungen, gespannte Bauchdecke, erschwerte Atmung, sie sind unruhig, setzen sich z. T. auf die Hinterhand und zeigen gelegentlich Würgeerscheinungen.

Erkennt man die Blähung rechtzeitig, kann der Tierarzt durch Ablassen der Gase helfen. Bei der Magendrehung hilft nur sofortige Operation, doch durch den Kreislaufschock sind die Rettungschancen eher gering. Vorbeugend soll es nützlich sein, Hunden mehrmals täglich kleinere Portionen zu füttern, nur einwandfreies, gut eingeweichtes, nicht suppiges Futter zu reichen und nach dem Fressen Springen und Toben zu vermeiden.

Schein- schwanger- schaft

Die Hündin zeigt alle Symptome einer Trächtigkeit, sie »baut« ein Wurflager und sammelt »Welpen« in Form von Spielzeug um sich herum, sie kann sogar Milch geben. Bis vor kurzem betrachtete man die Scheinträchtigkeit als Hormonstörung.

Tatsächlich ist sie eine sinnvolle Einrichtung der Natur, denn im Wolfsrudel darf nur die Alphahündin, die beste und stärkste des Rudels, werfen. Um die Aufzucht der Jungen unter allen Umständen zu garantieren, können andere weibliche Tiere aufgrund ihrer Scheinschwangerschaft einspringen oder gar die Mutter ersetzen. Keinesfalls sollte man die Hündin, die zu ausgeprägter Scheinschwangerschaft neigt, hormonell behandeln. Wird ihr Verhalten zu lästig

(in seltenen Fällen wird die Hündin aggressiv), sollte man sich eine Kastration überlegen. Ihr einmal einen Wurf zu gönnen, löst das Problem nur in den seltensten Fällen.

Erbkrank- heiten

Bis vor kurzem hielt man den Bearded Collie für eine der wenigen Rassen, die nicht mit sog. Erbkrankheiten belastet ist. Aber wie immer, wenn natürliche Auslese oder Auslese nach reiner Gebrauchstüchtigkeit wegfallen, treten die im Erbgut versteckten Merkmale zutage. Oft dauert es lange, bis man diese Erbkrankheiten erkennt und züchterisch Gegenmaßnahmen ergreifen kann.

Ein vielbenutzter Deckrüde z. B. kann jahrelang eine Erbkrankheit verbreiten, ohne sie selbst zu haben, und eine Krankheit, die bisher bei der Rasse vollkommen unbekannt war, kann sich binnen weniger Jahre zu einem echten Rasseproblem entwickeln. Ebenso können Krankheiten, die erkannt und erforscht sind, durch züchterische Konsequenz relativ rasch ausgemerzt werden.

Deshalb ist es wichtig zu wissen, welche Erbkrankheiten bei der Rasse auftreten, wenn auch noch so selten. Man sollte sie früh erkennen, um dem Hund rechtzeitig wirksam helfen zu können und zu verhindern, daß er in der Zucht eingesetzt wird. Manche Krankheiten kann man schon beim Welpen feststellen, manche treten leider erst in fortgeschrittenem Alter auf.

Erbkrankheiten sind unter Hundezüchtern immer ein heißes Eisen und werden vorzugsweise verschwiegen, verharmlost und oft genug anderen Züchtern in die Schuhe geschoben. Diese leider weit verbreitete Einstellung ist natürlich dumm und kurzsichtig. Kein Züchter kann etwas für das Auftreten der Krankheiten. Er ist aber für die Verbreitung verantwortlich, wenn er nicht offen darüber spricht und entsprechende Vorsorgemaßnahmen einleitet und die Hunde nicht aus der Zucht nimmt. Die Gesundheit einer Rasse liegt in Händen der Züchter. Wir können nur hoffen, daß die Beardie-Züchter – sollten Probleme auftauchen – ihrer liebenswerten Rasse zuliebe vernünftig damit umgehen.

HD (Hüftgelenksdysplasie)

Die einzige Erbkrankheit, die relativ häufig vorkommt, ist die HD. Sie ist eine bei Menschen und Hunden weit verbreitete Krankheit des Hüftgelenks, die neben der erblichen Veranlagung auch stark von Haltung und Aufzucht beeinflußt werden kann. Die Zuchtbestimmungen des Clubs für Britische Hütehunde verlangen zur Zuchtzulassung die Vorlage einer Röntgendiagnose, die von einem unabhängigen Tierarzt (Gutachter) ausgewertet und nach ihrem Schweregrad in A = frei, B = Verdacht, C = leichte, D = mittlere und E = schwere HD eingestuft wird. Gezüchtet werden darf nur mit A, B und C, wobei ein leicht befallener Hund nur mit einem freien gepaart werden darf.

HD ist eine Fehlbildung des Hüftgelenks, bei der Oberschenkelkopf und Hüftgelenkspfanne nicht mehr richtig zusammenpassen. In schweren Fällen renkt sich das Gelenk aus, und es bilden sich schmerzhafte Arthrosen. Die Diagnose kann nur durch eine Röntgenaufnahme der Hinterläufe bei Vollnarkose in vorgeschriebener Position im Alter von mehr als 12 Monaten erfolgen. Die Abbildung zeigt schematisch den möglichen Befund.

A) Normales Hüftgelenk eines HD-freien Hundes bei gestreckten Hinterläufen.

B) Mittelschwere HD; deutlich sichtbare Veränderungen an Gelenkpfanne und Oberschenkelkopf.

C) Schwere HD; die stark abgeflachten Gelenkpfannen und stark veränderten Gelenkköpfe rufen schmerzhafte Verrenkungen (Luxationen) hervor.

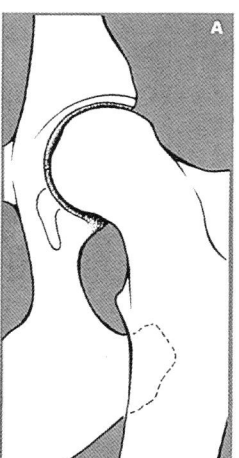
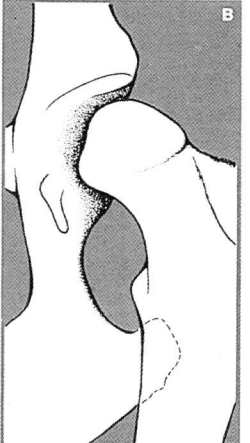
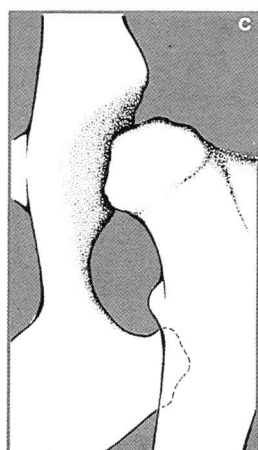

Weitere Erbkrankheiten, die beim Bearded Collie beobachtet wurden:

Addisonsche Krankheit

Die Symptome sind wie beim akuten Nierenversagen, was ja bei Hunden häufig vorkommt. Da ein Tierarzt selten mit der Addisonschen Krankheit konfrontiert wird, zieht er sie möglicherweise gar nicht in Betracht, und ein Hund stirbt, weil die notwendigen Maßnahmen nicht ergriffen wurden. Es könnte durchaus sein, daß die Addisonsche Krankheit weiter verbreitet ist als angenommen, nur wird sie in den seltensten Fällen als solche erkannt. Es ist deshalb wichtig, daß Sie, sobald Sie an Ihrem Hund bemerken, daß er mehr trinkt als sonst und öfter Bächlein macht (der Urin stinkt auffallend), den Tierarzt auf die Addisonsche Krankheit hinweisen.

Es handelt sich um eine Insuffizienz der Nebennieren. Diese Drüsen sitzen über den Nieren und produzieren lebenswichtige Hormone. Die Zerstörung der Nebennierenrinde kann unbemerkt über einen längeren Zeitraum erfolgen. Die Ursache ist meist unbekannt. Die Krankheit kann aber auch die Folgeerscheinung von bestimmten Krankheiten, Tumoren, Infarkten oder Medikamentengaben (z. B. bei der Behandlung des Cushing-Syndroms) sein. Sie kann in jedem Alter auftreten und durch Streß ausgelöst werden, bei Hündinnen genügt manchmal schon das Einsetzen der Läufigkeit.

Die meisten Hundebesitzer werden von dieser Krankheit überrascht, und es ist zu spät, um dem Hund noch zu helfen. Deshalb sollte man die Symptome kennen und auf sie achten.

Zu Beginn verhält sich der Hund still und wirkt schwach, er möchte nicht mehr laufen, hat kaum Appetit, er trinkt deutlich mehr als sonst und uriniert entsprechend häufiger. Ganz wichtig ist, daß man sofort eine Blutuntersuchung durchführen läßt, wenn der Hund beginnt, auffällig viel zu trinken und zu urinieren. Der Hund kann einen niedrigen Puls und leichte Anämie aufweisen, EKG und Ultraschall lassen möglicherweise Herzveränderungen erkennen. Die Laboruntersuchung ergibt ein Natrium/Kalium-Verhältnis unter 27 : 1.

Der erste Behandlungsschritt ist, dieses Mißverhältnis wieder ins Lot zu bringen, das Blutkreislaufvolumen zu sichern und sofort Glukokortikoid zu verabreichen. Wenn der Hund darauf anspricht, kann durch den ACTH-Test eine definitive Diagnose erfolgen. Wurde der akute Zustand stabilisiert, kann der Hund mit Medikamenten so eingestellt werden, daß er ein normales Leben weiterführen kann. Allerdings muß er die Medikamente sein Leben lang einnehmen. Es wird eine Kastration empfohlen.

von-Willebrand-Krankheit

Es handelt sich um eine erbliche Pseudobluterkrankheit, d. h. die Blutgerinnung ist gestört. Oft zeigen schon junge Hunde eine Neigung zu Nasen-, Schleimhaut- und inneren Blutungen sowie Blutergüssen. Kritisch wird es bei Verletzungen und Operationen, wenn Blutungen nur schwer oder gar nicht mehr zu stillen sind. Auch bei dieser seltenen Krankheit ist es hilfreich, dem Tierarzt einen Tip zu geben.

Augenerkrankungen

Sie sind beim Bearded Collie noch nicht rassetypisch. Trotzdem sollte jeder verantwortungsvolle Züchter die Möglichkeit wahrnehmen, die auf großen Ausstellungen angebotenen Augenreihenuntersuchungen mitzumachen oder vor der Zuchtverwendung die Augen beim Tierarzt untersuchen zu lassen. Beim Zuchtbuchamt des Clubs für Britische Hütehunde bekommen Sie sicherlich die Anschrift des Ihnen am nächsten wohnenden Tierarztes, der für diese Untersuchungen anerkannt ist. Die Untersuchungen tun dem Hund nicht weh.

Wenn eine Rasse schon in der glücklichen Lage ist, noch kein »Problem« zu haben, so sollte man alles daran setzen, es gar nicht erst aufkommen zu lassen, weil unerkannt mit kranken Hunden gezüchtet wird. Untersucht wird auf folgende erbliche Augenerkrankungen:

CEA (Collie Eye Anomaly)

Die Symptome reichen von Veränderungen der Blutgefäße und Pigmentstörungen im Augenhintergrund, die keinen Einfluß auf die Sehfähigkeit haben, bis hin zu tiefen Ausstülpungen, Blutungen im Auge und Netzhautablösung, was mit totaler Blindheit einhergeht. Die CEA verschlechtert sich von Geburt an nicht, nur im Falle starker Ausstülpungen des Augenhintergrundes kann es durch Überbelastung zur Ablösung der Netzhaut kommen. Pigmentstörungen können im Alter von 6 bis 8 Wochen verschwinden. Erblich ist ein solcher Hund dennoch belastet.

Wenn CEA, sei es auch eine noch so leichte Form, festgestellt wurde, sollte der Züchter sicherheitshalber die Welpen noch vor dem Verkauf untersuchen lassen, um mehr Kenntnis über den Zustand seiner Hunde zu bekommen und bei der Auswahl eines Hundes für sein weiteres Zuchtprogramm nicht gerade einen auszuwählen, der möglicherweise stark befallen ist.

Da schwere Fälle äußerst selten vorkommen (man hat weitreichende Erfahrungen beim Collie) und leichter Befall die Lebensqualität eines Hundes nicht beeinträchtigt, sollte man die CEA als ein weiteres Auswahlkriterium für die Zuchtverwendung betrachten und nicht in Panik geraten, wenn sie auftritt.

PRA (Progressive Retina Atrophy)

Die fortschreitende Netzhautablösung ist ungleich schwerwiegender als die CEA. Der Hund wird unweigerlich blind. Das Tragische an der PRA ist, daß sie erst im fortgeschrittenen Alter auftreten kann, so daß ein Zuchthund theoretisch jedes Jahr erneut untersucht werden müßte. Heute gilt ein Attest als endgültig, wenn der Hund wenigstens 5 Jahre alt ist. Selbstverständlich darf mit einem PRA-kranken Hund nicht mehr gezüchtet werden.

CEA und PRA sind nicht mit bloßem Auge zu erkennen und nicht heilbar.

Cataract (Grauer Star)

Diese Krankheit kann vielfältige Ursachen haben, ist aber auch nachweisbar erblich, wobei es rezessive und dominante Formen gibt. Sie tritt ebenfalls in fortgeschrittenem Alter auf und zeigt sich durch einsetzende Hornhauttrübung. Eine Operation ist möglich.

Tränende Augen

Tränende Augen können durch Erbkrankheiten wie Distichiasis (angeborene Wimpernreihenverdopplung), Entropium (Einwärtsrollen des Lidrandes mit Verengung der Lidspalte) oder Ektropium (Auswärtsdrehen des freien Lidrandes) verursacht werden. Sie können aber auch aufgrund von Bindehautentzündungen (in den meisten Fällen durch Staub oder Fahrtwind verursacht), Trichiasis (Einwärtsdrehung einzelner oder mehrerer Wimpern), seltener durch blockierte Tränenkanäle entstehen. Lassen Sie die Ursache vom Tierarzt herausfinden und entsprechend behandeln.

Kryptorchismus

Beim Kryptorchismus liegen ein oder beide Hoden nicht im Hodensack, sondern in der Bauchhöhle oder im Leistenkanal.

Selbst wenn der Züchter (durch den Zuchtwart oder den impfenden Tierarzt bestätigt) eine Bescheinigung aufweisen kann, daß die Hoden fühlbar sind, muß dies nicht zwangsläufig bedeuten, daß der Hodenabstieg vollständig abläuft. Nicht selten wandert der Hoden, bedingt durch eine hormonelle oder mechanische Störung (z. B. zu kurze Samenstränge) nur ein Stück und bleibt dann sozusagen »auf halber Strecke« liegen.

Will man einen Rüden erwerben, um mit ihm auszustellen und zu züchten, so muß man sich beim Kauf vergewissern, daß beide Hoden im Hodensack sind. Im großen und ganzen sind die meisten Welpen mit drei bis sechs Monaten in dieser Hinsicht komplett.

Manche Tierärzte empfehlen für »Spätzünder« Hormoninjektionen. Auch wenn diese Spritzen eventuell geholfen haben, bleibt stets das ungute Gefühl, daß man das Problem nur auf die folgende Generation verschoben hat.

Kryptorchismus kommt relativ häufig vor. Rüden, die einen verborgenen und einen abgestiegenen Hoden besitzen, können zeugungsfähig sein, dürfen in Deutschland aber nicht ausgestellt und für die Zucht verwendet werden. Im höheren Lebensalter können nicht abgestiegene Hoden manchmal zu einer geschwulstigen Entartung führen, so daß sie operativ entfernt werden müssen.

Epileptiforme Anfälle

Krampfanfälle kommen bei Hunden relativ häufig vor und können viele Ursachen haben, z. B. starker Wurmbefall bei jungen Hunden, Bleivergiftungen, Gehirntumore, Blutgerinnsel im Gehirn aufgrund von Unfällen, und vieles andere mehr. Es ist wichtig, die Ursache eines epileptischen Anfalls vom Tierarzt feststellen zu lassen, insbesondere bei einem zur Zucht vorgesehenen Tier. Die Diagnose ist allerdings meist sehr schwierig.

Kann keine Ursache gefunden werden, geht man von einer sogenannten »echten« (genuinen) Epilepsie aus, die erblich und oft familiengehäuft anzutreffen ist. Keinesfalls sollte mit einem an Krämpfen leidenden Tier gezüchtet werden. Die Anfälle können, wie beim Menschen, in den meisten Fällen mit Hilfe von Medikamenten unter Kontrolle gehalten werden.

Bauchspeicheldrüsen-erkrankungen

Sie kommen gelegentlich vor. Die Hunde magern bei gutem Appetit ab, das Fell wird stumpf, der Stuhlgang fettig, grau und übelriechend. Manche Hunde neigen auch zur Nervosität und Überaktivität. Zeigt ein Hund solche Symptome, weisen Sie den Tierarzt ruhig auf die Möglichkeit einer Bauchspeicheldrüsenerkrankung hin. Man kann sie recht gut diagnostizieren und medikamentös behandeln.

Collie Nose (Nasale solare Dermatitis)

Die in der Literatur häufig beschriebene Krankheit, bei der die Nasenspitze, bis zum Nasenrücken hinauf, Pigment verliert und schließlich aufbricht und abschuppt, habe ich in den 30 Jahren, in denen ich mich mit Collies befasse, nur zweimal gesehen. Ganz sicher kann man nicht von einer häufig auftretenden Krankheit sprechen.

Da sie aber nun »Collie Nose« heißt und auch beim Bearded Collie beschrieben wurde, erwähne ich sie. Die genaue Ursache ist unbekannt, eine genetische Veranlagung ist möglich. Die Dermatitis wird durch Sonneneinwirkung ausgelöst oder verschlimmert.

In letzter Zeit hört man häufig von **Immunschwächen** – leider nicht nur bei Hunden –, die sich auch vererben können. Ein Grund mehr, Hauterkrankungen sehr genau diagnostizieren zu lassen!

Allergien stellen ein zu umfangreiches Feld dar, um sie hier abzuhandeln. Sie gehören ohnehin in die Hand des Tierarztes.

Parasiten

Jeder noch so gepflegte Hund hat irgendwann in seinem Leben Würmer und Ungeziefer.

Würmer: Besonders anfällig dafür sind Welpen. Am häufigsten kommen Spulwürmer, gelegentlich Band-, Peitschen- und Hakenwürmer vor. Spulwürmer kann man in Kot und Erbrochenem erkennen. Bandwurmglieder findet man im Kot und am After klebend, Peitschen- und Hakenwürmer sind nur unter dem Mikroskop sichtbar.

Erwachsene Hunde leiden seltener unter starkem Wurmbefall. Glanzloses Haar und verschleimte Augen sind oft ein Hinweis auf diese ungebetenen Gäste.

Jährlich sollte mindestens eine Wurmkur vorgenommen werden. Der Tierarzt kann anhand von Kotuntersuchungen feststellen, ob und welche Würmer vorhanden sind, und danach die Behandlung ausrichten. Da die üblichen Wurmpasten meist nur gegen Spulwürmer helfen, sollte die Behandlung stets dem Tierarzt überlassen werden.

Ungeziefer: Im Sommer leiden Hunde oft unter Zecken, Flöhen und Milben. Läuse kommen relativ selten vor. Schützen Sie Ihren Beardie zumindest während der Sommermonate mit einem »Anti-Flohhalsband«, das etwa drei bis sechs Monate lang Ungezieferbefall wirksam verhindert

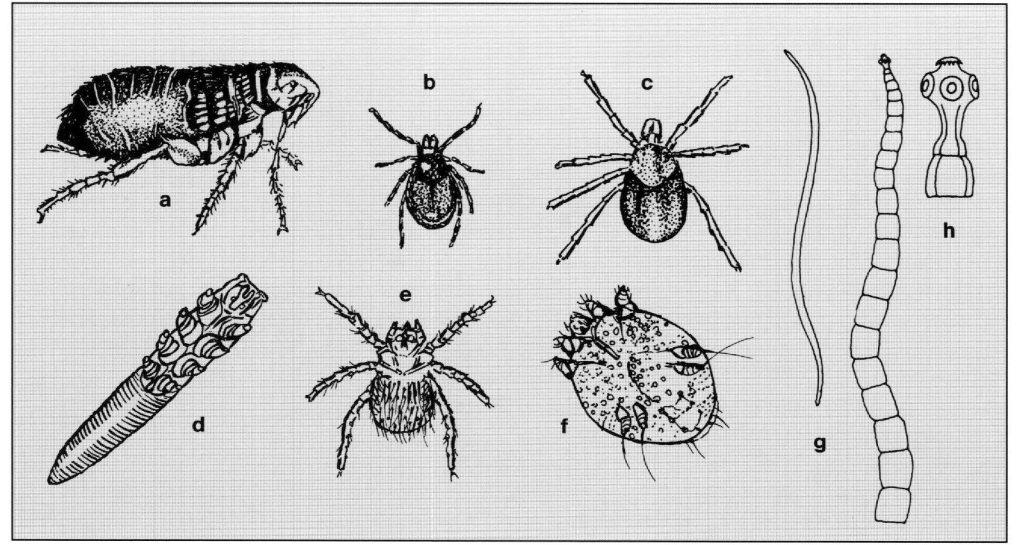

und auch das Hundebett mit schützt. Hat Ihr Hund trotzdem einmal Flöhe »aufgeschnappt«, gibt es viele wirksame Mittel dagegen (erhältlich im Zoofachhandel und beim Tierarzt). Da sich Flöhe schubweise in Ritzen und Ecken entwickeln, ist eine Langzeitbehandlung erforderlich, die die Umgebung des Hundes mit einschließen muß.

Zecken bohren sich in die Haut und saugen sich voll Blut, bis sie wie dicke graue Erbsen aussehen. Mit der im Fachhandel erhältlichen Zeckenzange kann man die Quälgeister mühelos entfernen. Sie gehört unbedingt ins Urlaubsgepäck!

Von den Milben gibt es verschiedene Arten, am häufigsten sind Milben im äußeren Gehörgang (Ohrmilben) oder an Pfoten und Läufen (Grasmilben). Andere Arten befallen die Haut und können Ekzeme und unerträglichen Juckreiz hervorrufen. Hier hilft nur eine rasche Behandlung durch den Tierarzt.

Die Pflege des Bearded Collie

Frühzeitig lernt der Welpe, auf dem Tisch stillzuliegen – bequem für Frauchen und wichtig für die weitere Erziehung.

Der Bearded Collie gehört zu den pflegeintensiven Rassen. Es ist deshalb wichtig, daß man die Pflegezeit als angenehme Gemeinsamkeit betrachtet und nicht als lästiges Übel. Hund und Pfleger müssen Freude daran haben, sonst wird das ganze lästig. Ein ungepflegter Bearded Collie ist kein angenehmer Hausgenosse. Leider kommt es immer wieder vor, daß verwahrloste Beardies abgeschoben werden. Aber die ganze Pflege ist nur halb so schlimm, wenn man sie frühzeitig beginnt, eine Routine entwickelt und sie auch unter erzieherischem Aspekt betrachtet, der für die soziale Bindung Hund-Mensch außerordentlich wichtig ist.

Der Welpe ist noch pflegeleicht. Erst mit etwa einem halben Jahr wird das Bürsten problematischer. Viele Beardiehalter machen den schwerwiegenden Fehler, den Junghund erst dann, wenn es notwendig ist, mit den Pflegeprozeduren vertraut zu machen. Das tut weh, der Hund wehrt sich, die ganze Angelegenheit wird zur Strapaze, ein Scheitern des gesamten Verhältnisses zum Hund ist vorprogrammiert, denn obendrein befindet sich der Hund in einer schwierigen Entwicklungsphase.

Lesen Sie deshalb dieses Kapitel sorgfältig durch und nehmen Sie sich den Welpen täglich 10 Minuten vor. Sie stellen ihn auf den Tisch, reinigen

me von vornherein verhindert. Sie lernen Ihren Hund kennen und stellen evtl. krankhafte Veränderungen, Ekzeme oder Parasitenbefall frühzeitig fest. Gönnen Sie sich und Ihrem Welpen dieses Vergnügen – Sie werden beide davon profitieren!

Hygiene

Augen

Jeden Morgen entfernt man das Augensekret mit einem feuchten Papiertaschentuch oder einfach mit den Fingern. Versäumt man dies, können die Schleimablagerungen schlimmstenfalls Entzündungen hervorrufen. Ein kleiner Tupfer Vaseline an der kritischen Stelle verhindert braune Tränenrinnen. Andauerndes Tränen und gerötete Bindehaut durch den Tierarzt behandeln lassen (siehe Kapitel Krankheiten)!

die Äuglein, prüfen die Ohren, betasten die Zähne, suchen im Fellchen nach nicht vorhandenem Ungeziefer, heben die Rute und prüfen die Afterregion, kontrollieren Zehe für Zehe die kleinen Pfoten, legen ihn sanft auf den Rücken und untersuchen bäuchleinkraulend die Genitalregion. Sprechen Sie mit dem Hund, muntern Sie ihn mit Lob und nach beendeter Sitzung mit einem Leckerbissen auf.

Für den Welpen müssen die täglichen 10 Minuten auf dem Tisch zu den innigsten gehören, die er mit Ihnen erlebt. Es ist die wichtige Zeit, in der Frauchen nur für ihn allein da ist und sich ausschließlich intensiv auf angenehme Weise mit ihm beschäftigt.

Nicht nur der soziale Aspekt ist wichtig: Sie demonstrieren auf sanfte Weise Ihre Überlegenheit als Rudelboß, indem Sie den Welpen auf den Rücken legen und er sich entspannt hingibt, was viele Erziehungsproble-

Ohren

Ungepflegte Ohren können zu bösen Erkrankungen führen, die in schlimmen Fällen nicht mehr zu heilen sind! Den Ohren sollte man deshalb größte Aufmerksamkeit schenken. Beginnen Sie schon bei der täglichen Welpenpflege, in die Ohren zu riechen. Sie duften normalerweise angenehm nach Hund. Sobald sich dieser Geruch verändert, bedeutet dies Alarm! Die Ohren sind entweder verschmutzt, entzündet oder von Milben befallen. Sofort zum Tierarzt! Ebenso, wenn der Hund den Kopf ständig schief hält oder schüttelt.

sitzer unterlassen das, weil sie fürchten, dem Hund wehzutun. Der Ohrkanal muß stets sauber und luftig sein.

Den äußeren Ohrkanal reinigt man mit einem Wattestäbchen. Dringen Sie vorsichtig in das Ohr ein und ziehen Sie das Stäbchen in drehender Bewegung nach oben heraus. So können Sie keinen Schaden anrichten. Niemals im Ohr herumbohren und Öl oder andere Flüssigkeiten ins Ohr gelangen lassen. Die Innenseite des Ohrlappens wird gelegentlich mit einem in Alkohol getränkten Tuch oder Wattebausch gesäubert.

Gebiß

Bekommt Ihr Hund regelmäßig Büffelhautknochen oder harte Hundekuchen, dürften die Zähne sauber sein. Zeigt sich aber am Ansatz des Zahnfleischs bräunlicher Belag, kratzen Sie ihn mit einem Zahnsteinentferner ab, den Sie im Hundehandel bekommen. Dicken Belag kann der Tierarzt entfernen. Unbehandelter Zahnstein führt zu Zahnfleischentzündungen,

Täglich sollte man prüfen, ob die Augen sauber sind.

Prüfen Sie regelmäßig die Ohren, um eventuell Fremdkörper zu entfernen. Gelegentlich zieht man das aus dem Ohrinnern herauswachsende Haar heraus. Keine Angst, es sitzt nicht fest, das Herausziehen tut dem Hund nicht weh. Lassen Sie es sich gleich beim Züchter zeigen. Viele Be-

Aus dem Ohrinnern herauswachsende Haare werden ausgezupft, damit der Gehörgang stets luftig und sauber ist.

*Mit dem Zahnsteinent-
ferner beseitigt man
am besten schon die
ersten Ansätze von
Zahnstein.*

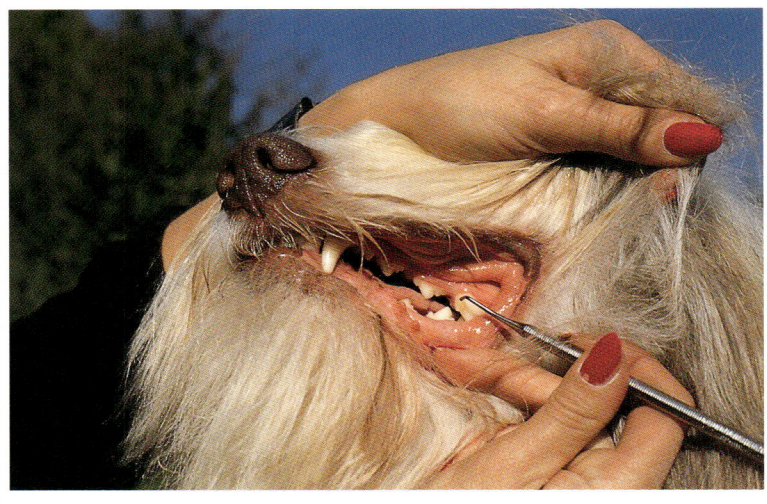

Zahnfleischschwund und Ausfall der Zähne, was sehr schmerzhaft ist. Sie können es sich natürlich auch zur Routine machen, Ihrem Hund mit Zahnbürste und Spezial-Hundezahnpasta die Zähne zu putzen.

Oftmals sind Zahnschmerzen schuld daran, wenn ein Hund nicht mehr fressen mag! Vergessen Sie nicht: Die Zähne sind das wichtigste Werkzeug des Hundes, sie müssen bis ins hohe Alter funktionstüchtig sein.

Genitalbereich und After

Bei einem Rüden ist es unerläßlich, das Bauchhaar regelmäßig zu waschen, weil es beim Urinieren beschmutzt wird. Zeigt sich am Penis gelblicher Ausfluß, deutet dies auf Vorhaut-Katarrh hin, der behandelt werden sollte. Sie müssen sich auch damit abfinden, daß sich Ihr Bearded Collie beim »großen Geschäft« öfter die Haare am Hinterteil beschmutzt. Sie sollten die hintere Region deshalb nach jedem Spaziergang prüfen, nöti-

genfalls abduschen, trockenreiben, ausbürsten.

Ein Tip: Nehmen Sie bei Spazierfahrten immer eine kleine Dose Trokkenshampoo (z. B. Euformal) und reichlich Küchentücher mit. Sollte sich Ihr Hund mit Kot beschmutzt haben, entfernen Sie soviel Sie können und stäuben die Stellen mit dem Trokkenshampoo ein. Antrocknen lassen, ausbürsten – und schon ist Ihr Hund wieder »autorein«. Obwohl am Beardie keine Haare abgeschnitten werden dürfen, macht es nichts, wenn Sie um Penis und After herum ein wenig freischneiden.

Bart

Putzen oder trocknen Sie nach jeder Mahlzeit und nach jedem Saufen den Bart ab, damit er nicht zu unansehnlichen braunen Strähnen zusammenklebt, die nur schwer zu entwirren sind. Hunde gewöhnen sich sehr schnell daran, für diese kleine Prozedur stillzustehen und das Abputzen

Etwas Kartoffelmehl in den Bart einreiben, auskämmen, und schon ist er wieder appetitlich sauber.

abzuwarten. Sollten sich braune Strähnen gebildet haben, reiben Sie Mais- oder Kartoffelmehl hinein; trocknen lassen, ausbürsten, und der Bart ist wieder sauber.

Pfoten

Kontrollieren Sie nach jedem Spaziergang, ob sich Schmutz, Steinchen oder Grassamen, insbesondere solche mit Grannen und Widerhaken, verfangen haben. Bitte achten Sie besonders auf die steckengebliebenen Grassamen. Sie können durch die Haut in den Körper eindringen und durch ihn hindurchwandern, dabei verursachen sie scheußliche, eitrige Entzündungen.

Auch die weißen Pfoten werden, rasch mit etwas Kartoffelmehl ausgebürstet, wieder sauber.

Alle Fremdkörper, ebenso wie Fellknoten, müssen entfernt werden; notfalls mit warmem Wasser verkrusteten Lehm herauslösen. Verklumpen die Haare zwischen den Zehen

mit Fremdkörpern, führt dies rasch zu schmerzhaften Entzündungen (Alarmsignal: ständiges Lecken der Pfoten). Am besten kürzen Sie das Haar zwischen den Zehen mit einer stumpfen Schere. Trotzdem ist eine sorgfältige Kontrolle der Pfoten immer angebracht.

Krallen

Läuft Ihr Hund auf glattem Boden oder Parkett und Sie hören ein »klack, klack«, dann sind die Krallen zu lang. Lassen Sie sich vom Züchter oder dem Tierarzt zeigen, wie man eine Krallenzange handhabt. Schneiden Sie nämlich zu viel ab, verletzen Sie eine kleine Ader in der Kralle, deren Blutung nur schwer zu stillen ist. Achten Sie auch auf die kleinen Afterkrallen innen an den Vorderbeinen. Wenn man sie nicht kürzt, können Sie ins Fleisch einwachsen.

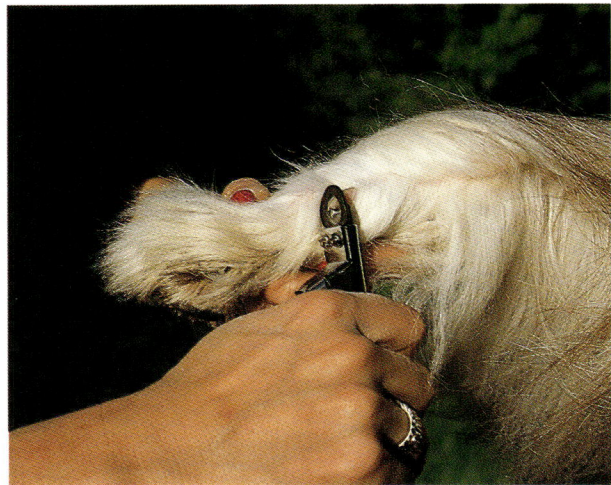

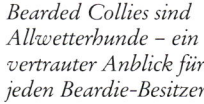

Beim Krallenschneiden die kleinen Krallen am Inneren der Vorderläufe nicht vergessen!

Bearded Collies sind Allwetterhunde – ein vertrauter Anblick für jeden Beardie-Besitzer.

kenntlichkeit zu beschmutzen. Gewöhnen Sie schon dem Welpen an, an der Haustür brav zu warten, bis Sie einen Eimer warmes Wasser besorgt haben. Mit einem ausgewrungenen Fensterleder trocknen Sie die nassen und schmutzigen Fellpartien ab. Das Leder saugt Schmutz und Flüssigkeit bestens auf.

Baden

Baden sollte man nur in Notfällen, z. B. wenn eine Hündin Welpen hatte, die Hitze vorüber ist oder sich der Hund so schmutzig gemacht hat, daß es einfach nicht anders geht. Vor einem Bad bürstet man den Hund gründlich aus. Ein ungebürsteter Hund verfilzt. Müssen Sie vor einer Ausstellung baden, sollte dies wenigstens eine Woche vorher geschehen, damit das Fell seine natürliche Beschaffenheit wiedererlangen kann.

Verschließen Sie die Ohren mit einem Wattebausch und stellen Sie

Der schmutzige Hund

Bearded Collies sind Allwetterhunde. Je schlechter das Wetter, desto wohler scheinen sie sich zu fühlen! Matsch, Wasser, Kälte – nichts schreckt sie ab, herumzutoben und sich bis zur Un-

So legt man einen ausgewachsenen Bearded Collie auf die Seite.

keine Seife in die Augen kommt. Ebenso behutsam wollen die Genitalien behandelt sein.

Brausen Sie nun den Hund sorgfältig von oben nach unten ab und drücken Sie das überschüssige Wasser aus dem Fell. Es dürfen unter keinen Umständen Seifenreste im Fell bleiben. Legen Sie dem Hund, noch ehe er sich schütteln konnte (mit Rücksicht auf Sie und Ihr Badezimmer), Handtücher um. Trocknen Sie den Hund gründlich ab, ohne wild das Fell zu verrubbeln, und lassen Sie ihn an einem warmen, sauberen Ort restlos trocknen, ehe er wieder ins Freie gehen darf.

Trockenfönen sollte man das Haar nicht, da es zu stark austrocknet, sich statisch auflädt und leicht bricht. Ist der Hund nahezu trocken, bürsten Sie ihn gründlich aus. Waschen Sie bei dieser Gelegenheit auch Haarbürsten und Bettbezug.

den Hund in die Badewanne, die vorher mit einer rutschfesten Matte ausgelegt wurde. Brausen Sie ihn lauwarm ab, bis er durch und durch naß ist. Verreiben Sie ein mildes Hundeshampoo zwischen den Händen und massieren Sie es mit den Fingerspitzen bis auf die Haut. Vermeiden Sie, das Haar zu sehr durcheinanderzurubbeln; besonders vorsichtig müssen Sie mit dem Kopf umgehen, damit

Die Fellpflege

Wie oft man einen erwachsenen Beardie bürsten sollte und wie lange man dafür braucht, hängt im wesentlichen von der Fellbeschaffenheit ab. Einmal gründlich bürsten ist besser als mehrmals oberflächlich. Manche Tiere brauchen nur alle 14 Tage gründlich gebürstet zu werden, ohne daß sie verfilzen, Junghunde mit noch weichem Fell oder im Haarwechsel befindliche Tiere dagegen öfter. Zu oft bürsten ist auch nicht gut, denn man reißt zu viel Unterwolle heraus.

Wenn Sie den Welpen von klein an in der empfohlenen Weise auf die Pflege vorbereitet haben, wissen Sie

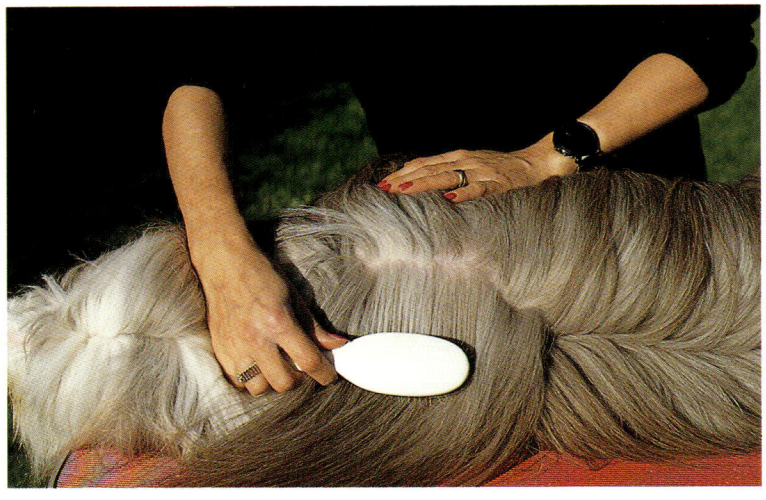

selbst, wie oft Sie bürsten müssen und welche Stellen besonders kritisch sind. In der Regel genügt bei einem Hund mit harschem Fell alle zwei Wochen etwa 2 Stunden gründliches Bürsten, wie es z. B. vor einer Ausstellung angebracht ist, und zwischendurch überprüfen Sie die rasch filzenden Stellen.

Bedenken Sie bitte, daß zwei Stunden an einem Stück die Geduld von Hund und Pfleger arg auf die Probe stellen können und die Gefahr besteht, daß die Pflege zu einem unerfreulichen Akt wird, besonders wenn der Hund noch jung und temperamentvoll ist. Deshalb ist es wichtig, daß der Hund gewöhnt ist, auf dem Tisch zu liegen – und Sie müssen sich durchsetzen, wenn er keine Lust mehr hat. Übergehen Sie seine Anzeichen der Ungeduld und verlangen Sie, daß er stillhält, wenigstens ein paar Minütchen, und machen Sie dann eine Pause. Er darf nicht das Gefühl haben, daß die Pause auf seine Initiative hin erfolgte – sonst bestimmt er in Zukunft den Ablauf!

Beenden Sie die Pflegesession mit einem Leckerbissen und einer ausgiebigen Spielrunde als Belohnung.

Wenn Sie einen geeigneten Pflege-Rhythmus gefunden haben, halten Sie ihn strikt ein, denn Unregelmäßigkeit wird sich eines Tages mit einem verfilzten Hund rächen!

Die Pflegeutensilien
- 1 Bürste (Gummibett mit Naturborsten, evtl. durch Nylonborsten verstärkt). Reine Nylonbürsten laden das Fell elektrisch auf und erschweren die Arbeit. Vermeiden Sie sog. Pudelbürsten und Drahtbürsten, sie zerstören das Fell. Bestens bewährt hat sich die im Fachhandel erhältliche, leider recht teure Mason-Pearson-Bürste.
- 1 weitzinkiger Kamm.
- 1 Wassersprühflasche.
- Kartoffelmehl, Maismehl, Ring 5 (Weißspray) oder Euformal.
- 1 Schere mit abgerundeten Spitzen.

Der Pflegetisch

Eine wesentliche Erleichterung ist der Pflegetisch. Ein feststehender Garten- oder Campingtisch genügt (er darf keinesfalls wackeln, das beunruhigt den Hund). Sorgen Sie für eine rutschfeste Auflage. Es gibt spezielle Pflegetische zu kaufen, die man zusammenklappen und auf Rollen transportieren kann.

Stellen Sie den Tisch an einen ruhigen Platz im Haus, wo ausgebürstete Hundehaare und verstreutes Kartoffelmehl nicht stören, Ihr Werkzeug zur Hand ist und der Hund nicht abgelenkt wird. Beginnen Sie das Tischtraining schon mit dem Welpen. Belohnen Sie den Hund für gutes Benehmen auf dem Tisch; Toben und Spielen sind dort tabu.

Heben Sie den Hund auf den Tisch, später springt er vielleicht von selbst drauf. Lassen Sie ihn aber niemals alleine herunterspringen. Heben Sie ihn mit dem Wort »fertig« vom Tisch. Ohne dieses darf er den Tisch nicht verlassen, auch wenn Sie sich einmal einen Moment abwenden. Im Laufe der Zeit lernt der Hund, so lange auf dem Tisch zu bleiben, bis er seinen Leckerbissen bekommen hat und das erlösende »fertig« ertönt.

Die Technik des Bürstens

Besonders empfindliche, leicht verfilzende Stellen befinden sich hinter und unter den Ohren, auf den Ohrlappen, an Wangen, Kinn, Hals, Fang, Ellenbogen, Achselhöhlen, Innenschenkeln, Bauch, Genitalbereich (bei Rüden besonders um die Hoden). Tägliche Kontrolle zahlt sich aus! Dieses ausgesprochen feine Haar wächst auf zarter Haut. Hier bilden sich besonders schnell Knötchen, die man vor dem Bürsten sorgfältig auseinanderzupft (halten Sie das Haar am Ansatz fest, damit es nicht ziept) und mit dem Kamm durchkämmt. Es wird Ihnen auch niemand verwehren, die Knötchen an diesen empfindlichen Stellen

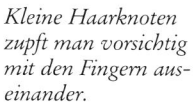

Kleine Haarknoten zupft man vorsichtig mit den Fingern auseinander.

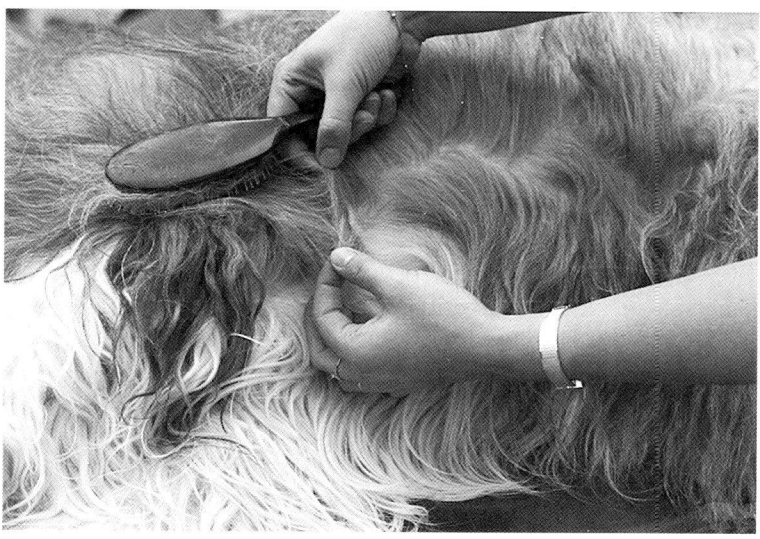

sorgfältig herauszuschneiden. Der Ausstellungshund braucht allerdings seinen schönen, rassetypischen Bart. Hier darf nicht geschnitten werden.

Die einzelnen Schritte beim Bürsten

1) Sprühen Sie das Fell mit Regenwasser oder einem Fellpflegespray leicht ein, um das Haar zu schonen.
2) Heben Sie den Hund auf den Tisch (nicht springen lassen) – erst die Vorderpfoten auf den Tisch, dann den Po hochheben – und legen Sie den Hund auf die Seite.
3) Beginnen Sie am hinteren Ende und bürsten Sie, wenn das Haar nicht zu lang ist, das Haar gegen den Strich. Auftretende Knoten werden mit den Fingern und dem Kamm entwirrt, danach das Haar in die natürliche Lage zurückgekämmt. Wenn Sie den Kamm durchziehen können, ohne daß er hängenbleibt, haben Sie gut gebürstet. Bei länger behaarten Hunden bewährt sich besser das sog. **Lagebürsten:**
Beginnen Sie an der Rutenspitze oder an den Pfoten. Streichen Sie mit der linken Hand eine Lage Haare zurück und bürsten Sie mit der rechten das verbliebene Haar mit dem natürlichen Wuchs vom Haaransatz bis zu den Haarspitzen in einem Zug durch. Fahren Sie mit der linken Hand etwas weiter nach oben und bürsten Sie mit der rechten das darunterliegende Haar hervor, ebenfalls wieder vom Ansatz an. Der Haaransatz muß bei jeder Lage zu sehen sein. Dabei Haarknoten und Filze stets mit

den Fingern auseinanderzupfen und überbürsten, niemals die Haarknoten mit dem Kamm ausreißen.

Haben sich feste Filzplatten gebildet, die sich kaum noch mit den Fingern entwirren lassen, versuchen Sie es mit einem sog. Entfilzungskamm oder schneiden die Zotten in Längsrichtung von den Spitzen bis zur Haut auf. Sie lassen sich dann leichter entwirren, und es bleiben keine Stufen vom Schnitt zu sehen.

4) Fahren Sie auf diese Weise fort, vergessen Sie dabei nicht den Bauch und das Haar unter der Brust. An den Innenschenkeln bürstet man einfach aus.
5) An den Vorderbeinen beginnt man wieder an den Pfoten mit dem Lagebürsten.
6) Ist die eine Seite fertig, legen Sie den Hund auf die andere Seite und beginnen Sie wieder hinten an der Rute.
7) Sind die Seiten fertig, lassen Sie den Hund sitzen und bürsten das Brusthaar von unten in Lagen nach oben.
Nun noch den Rest des Kopfes, die Augenbrauen schön hoch, damit die hübschen Augen sichtbar werden. Fertig!
8) Ziehen Sie bitte keinen Scheitel auf dem Rücken des Beardies. Dies tun zwar sogar erfahrene Aussteller, es ist aber eine Unsitte, die sich eingebürgert hat und vollkommen rasseuntypisch ist. Wie soll ein Fell das Wasser ableiten, wenn man ihm eine Rinne auf dem Rücken zieht?
9) Die weißen Fellpartien werden mit der Sprühflasche angefeuchtet. Sie geben Mais- oder Kartoffelmehl in

Und so sieht ein ge-pflegter Bearded Collie aus.

eine flache Schale, drücken die Bürste hinein und geben das Mehl in das feuchte Fell. Antrocknen lassen, ausbürsten. Wenn es schnell gehen muß, mit Ring 5 ein-sprühen, ausbürsten.

Wichtig ist dieses »Weißen«, um einen Hund auf dem Wege zur Ausstellung bei evtl. schlechtem Wetter sauberzuhalten oder den Bart vor unschönen Brauntönen zu bewahren. Allerdings dürfen im Ring keinerlei Spuren irgendwel-cher Hilfsmittel mehr im Fell nachzuweisen sein. Also, bitte sorgfältig ausbürsten!

Beardie-Wolle

Ausgebürstetes Haar läßt sich sehr gut verspinnen. Viele Hundebesitzer tun es selbst, man kann es aber auch außer Hause aufbereiten lassen. Die Wolle ist mohairähnlich und sehr warm.

Die Erziehung des Beardie

Ein Beispiel für gute Erziehung: Elf quicklebendige Bearded Collies jeden Alters machen für das Foto geduldig Sitz und Platz.

Der Hund ist als geborenes Rudeltier gewöhnt, sich in eine Gemeinschaft, sei es Hundemeute oder Menschenfamilie, einzuordnen. Er braucht diese Ordnung, um sich wohlzufühlen. Er ist vollkommen glücklich, wenn er einen Rudelführer hat; findet er jedoch keinen in der Familie, muß er die Rolle selbst übernehmen, um die für ihn lebenswichtige Ordnung in die Familie zu bringen. »Rudelführer« in der Familie sollte aber stets der Mensch, nie der Hund sein.

Wenn Sie glauben, auf jegliche Erziehung verzichten zu können, so wage ich zu bezweifeln, ob Ihnen das

Zusammenleben mit dem Hund Freude bereitet, und ob Ihr Hund dies letztlich überlebt. Denn einen unerzogenen Hund müssen Sie entweder einsperren oder anketten – beides halte ich für Tierquälerei.

Erziehung heißt nicht nur, sich durchzusetzen, weil man der Stärkere ist – schließlich wollen Sie einen Gefährten und keinen willenlosen Sklaven –, sondern Erziehung heißt, sich in das hundliche Denken hineinzuversetzen und dem Hund klarzumachen, was man von ihm will. Dabei muß liebevoll, aber konsequent und unnachgiebig vorgegangen werden.

Geduld, Einfühlungsvermögen und Durchsetzungskraft sind dafür Voraussetzung.

Grundbedingung für eine erfolgreiche Erziehung und ein harmonisches Zusammenleben ist, daß man schon dem Welpen seinen Platz innerhalb der Familie zuweist. Das Motto muß schon beim Welpen heißen: »Einmal Nein, immer Nein«. Niemals darf man durchgehen lassen, was man einmal verboten hatte.

Trotz ihres sprühenden Temperaments sind Beardies sensible Hunde, die auf jede Gefühlsregung ihres Besitzers reagieren. Sie brauchen deshalb eine liebevolle, aber auch konsequente Erziehung. Ich glaube, daß viele ängstliche und nervöse Beardies einfach darunter leiden, daß sie keine Aufgabe und keine Führung haben. Denn aus Angst, einen Fehler zu machen und den Hund zu verderben oder gar »seine Zuneigung zu verlieren«, schonen viele Besitzer ihn vor jeder Umweltunbill, sprechen nur in sanfter Stimme mit ihm und greifen nie erzieherisch durch. Damit richten sie jedoch gerade bei einem von seiner Veranlagung her unsicheren Hund großen Schaden an.

Der Hundehalter muß mit gutem Beispiel vorangehen, muß unbekümmert sein und nicht nervös verkniffen, aus Sorge, sein Hund könnte sich in bestimmten Situationen fürchten. Man muß einen Hund gelegentlich zwingen, seine Angst zu überwinden und ihn nicht noch durch unendlich geduldiges Zureden verunsichern. Viele Leute beruhigen den ängstlichen Hund mit zärtlicher Stimme und Streicheleinheiten. Vorsicht! Man darf den Hund keinesfalls für solches Verhalten auch noch loben!

Kommt ein Junghund in die ab ca. fünf Monaten übliche Vorsichtsphase, gehen Sie gar nicht darauf ein. Vermeiden Sie, den Hund nun erst recht an all das gewöhnen zu müssen, vor dem er gerade Angst hat. In dieser Entwicklungsphase kann man genau das Gegenteil erreichen. Er wird, wenn er von seiner Veranlagung her in Ordnung ist, seine Vorsicht wieder ablegen.

Unterstützt wird die Problematik dadurch, daß viele Beardies von sich aus Kontakt mit dem Menschen suchen und schnell lernen, so daß man oft das Gefühl hat, der Hund brauche gar nicht erzogen zu werden! Aber die Erziehung ist wichtig für die Psyche unserer Hunde, die einen Rückhalt, einen Führer brauchen, um sich entfalten zu können. Erst wenn man den Hund fordert, ihm allerlei beibringt und Unterordnungsübungen durchführt, erkennt man den wahren Charakter. Er liebt die intensive Beschäftigung mit seinem Menschen, er freut sich mehr als sein Herr, wenn er etwas gut gemacht hat, und er arbeitet gerne. Seine Lernfähigkeit ist erstaunlich – aber nur, wenn wir ihm die Gelegenheit geben, sie auch auszubilden.

Lob

Sie werden schnell selbst feststellen, was Ihrem Hund mehr Freude macht: ein wildes Tobespiel, Ballspielen oder ein Leckerbissen. Wenn Sie wissen, was Ihren Hund am besten motiviert, dann nutzen Sie diese Leidenschaft nur und immer nur dann, wenn Sie ihn belohnen wollen. Sie erreichen damit bei Ihrem Hund fast alles, was erzieherisch möglich ist.

Strafe

Strafe ist eigentlich kein Wort, das in die Hundeerziehung gehört. Man kommt aber nicht umhin, gewisse Dinge, die der Hund tut, für den Hund mit einer unangenehmen Erfahrung zu verbinden, damit er sie künftig unterläßt und lieber das tut, was für ihn mit einem angenehmen Erlebnis verbunden ist. Solche Korrekturen sind aber nur möglich, wenn man den Hund unmittelbar bei seinem Vergehen antrifft.

Schlagen hat in der Hundeerziehung keinen Sinn, da es unter Hunden nichts Vergleichbares gibt. Er versteht es nicht. Grobheiten und Strafen, die das Hundegehirn nicht begreifen kann, weil sie erst nach den Missetaten erfolgen, die der Hund längst vergessen hat, zerstören nachhaltig das so wichtige Vertrauen in den zweibeinigen Gefährten. Es kann viel Zeit und Mühe kosten, das Vertrauen wiederzuerlangen.

Oft genügt schon der tadelnde Ton, und er begreift, daß er etwas verkehrt gemacht hat. Ein Klaps auf den Po ist gelegentlich unumgänglich und wirkt Wunder. Auch bringt das laute Klatschen der Zeitung auf die Tischkante den Hund vom verbotenen Tun ab. Man braucht nicht zu zimperlich zu sein; auch in der hundlichen Erziehung kommen launische Ausbrüche des Rudelführers vor, der Junghund schreit auf, wirft sich auf den Rücken, und die Sache ist wieder im Lot.

»Gerechtigkeit« gibt es bei Hunden nicht. Oft provoziert der Althund das Jungtier oder den rangniederen Hund, indem er so tut, als interessiere ihn sein Knochen nicht, und wehe, wenn der andere es wagt heranzugehen. Dann fällt er lautstark über ihn her und zeigt ihm, wer hier das Sagen hat! Dieses Tabuisieren wenden wir täglich im Umgang mit dem Hund an, es ist für ihn ganz normal, daß er seine Grenzen sucht und findet. Wichtig ist, daß wir uns wie ein erfahrener Althund verhalten und die Demutsgeste sofort freundlich akzeptieren.

Sollte der Hund im Flegelalter anfangen, sich mit Zuschnappen gegen Sie aufzulehnen, sei es, daß Sie ihn beim Bürsten ziepen oder ihm einen Kauknochen abnehmen wollen, dürfen Sie sich in keinem Fall erschrocken und ängstlich zurückziehen. Dann hätte er ja erreicht, was er wollte, und Sie würden Ihren Hund nie mehr im Griff haben.

Sie glauben nicht, wie viele Leute tatsächlich Angst vor den eigenen Hunden haben und es manchmal gar nicht wissen. Instinktiv meiden sie alle Situationen, in denen sich der Hund auflehnen könnte. Es ist unvermeidlich, daß man dann in den Augen des Hundes irgendwann einen Fehler macht und er uns korrigiert, indem er zuschnappt! Man darf solche Situationen gar nicht erst aufkommen lassen.

Machen Sie es wie der Althund, provozieren Sie gelegentlich den Welpen. Sind Sie auf seine Reaktion gefaßt, können Sie um so schneller reagieren. Wenn der Welpe schon Anzeichen zeigt, sich aufzulehnen, knurrt oder gar die Zähne fletscht, werfen wir ihn ohne Aufhebens auf den Rücken und drücken ihn einfach mit der Hand auf der Brust zu Boden, bis er sich entspannt. So erkennt er, ohne daß wir strafen müssen, daß wir der Rudelführer sind und es auch bleiben wollen. Wenn Sie von Anfang an so mit dem Hund arbeiten – das

*Welpen lieben Beute-
spiele – aber bitte nicht
zu heftig ziehen lassen,
um die kleinen Milch-
zähne zu schonen.*

Bürsten z. B. bietet diese Gelegenheit fast täglich, wenn wir vom Hund verlangen, daß er entspannt auf dem Rücken liegt und den Bauch darbietet –, wird es nie Probleme geben.

Schnappt der Hund ernsthaft zu, schlagen Sie sofort mit der flachen Hand unters Kinn. Das Maul klappt dann wirkungsvoll zu, für den Hund höchst unangenehm. Sie können ihn damit nicht verletzen, aber der Schock ist lehrreich. Solche Erziehungsmaßnahmen allerdings mit einem erwachsenen oder gar fremden Hund zu beginnen, möchte ich dem unerfahrenen Hundehalter nicht empfehlen.

Das so häufig empfohlene Nakkenschütteln habe ich einmal bei meiner mir sehr vertrauten Hündin angewandt – mit schockierendem Mißerfolg, ich habe sie noch nie so verzweifelt kämpfen sehen! Das gab mir zu denken. Ich habe nie eine Mutterhündin ihre Welpen im Nacken schütteln sehen, was mir auch andere Züchter bestätigten. Es wäre auch eine wenig sinnvolle Einrichtung der Natur, wenn man die Hündin ausgerechnet das Totschütteln der Beute für die Erziehung der Welpen anwenden ließe. Der Reflex wäre nur schwer zu kontrollieren und die Gefahr groß, daß sie ihre eigenen Kinder umbringt.

Hunde werfen mit Zähnefletschen und Drohknurren Welpen einfach um, kneifen schmerzhaft zu oder fassen mit der offenen Schnauze über den Fang der Kleinen. Übrigens auch eine gute Erziehungsmaßnahme: einen im Moment unkontrollierbaren Welpen einfach über den Fang zu greifen und den Kopf herunterzudrücken.

Auch wenn Ihnen das Gesagte im ersten Moment seltsam erscheint – wenn Sie ein paar hundliche Verhaltensweisen im täglichen Umgang mit dem Hund berücksichtigen, haben Sie die halbe Erziehung schon in der Tasche! Sie sollten sich unbedingt mit der hervorragenden Literatur über Hunde- und Wolfsverhalten vertraut machen. Sie ist nicht nur ungeheuer lehrreich, sondern hilft Ihnen, Ihren Hund zu verstehen und ihn mit doppelter Freude, aber auch Achtung, zu genießen.

»Aus!«

Die unverzügliche Befolgung des »Aus!« kann lebensrettend für Ihren Hund sein, wenn er beispielsweise beim Spaziergang etwas aufgenommen hat, das möglicherweise giftig ist. Üben Sie dies schon mit dem kleinen Welpen, z. B. wenn er mit etwas spielt oder an einem Büffelhautknochen knabbert. Sagen Sie »Aus!« und halten Sie die Hand hin, damit er den Gegenstand abgibt, was er natürlich nicht tut. Nehmen Sie den Gegenstand aus seinem Fang; wenn er knurrt, folgen »Pfui!« und aus dem Fang nehmen. Hat der junge Hund den Gegenstand ausgelassen, loben Sie ihn mit einem Leckerbissen und geben ihm sein Eigentum zurück. Üben Sie dies auch mit der Futterschüssel. Achten Sie darauf, daß er jedem Familienmitglied, auch dem kleinsten Kind, ohne zu murren alles abtritt. Wenn der Hund weiß, daß »Aus!« nicht Verzicht bedeutet, wird es ihm leichter fallen, die Übung zu begreifen.

Nimmt er im Freien etwas auf, dann fackeln Sie nicht lange. »Aus!« und den Gegenstand – notfalls mit Gewalt – aus dem Fang nehmen, ist die sicherste Lösung. Haben Sie aber immer einen Leckerbissen zur Belohnung parat. Beim Stöckchenspielen begleitet das »Aus!« stets die Abgabe des Stocks, damit Sie ihn erneut werfen können.

Gehorsams-übungen

Man beginnt mit dem kleinen Welpen, sobald er sich heimisch fühlt. Je jünger der Welpe ist, desto kürzer die Übungszeiten, anfangs nur ein paar Minuten. Üben Sie vor dem Füttern, wenn der Welpe hellwach und an Leckerbissen interessiert ist. Lernt er nicht, brechen Sie die Übung ohne Lob und Belohnung ab. Er wird schnell begreifen, daß es sich lohnt, Herrchen oder Frauchen einen Gefallen zu tun.

Beginnen Sie die Übungen nur bei bester Laune und suchen Sie einen ungestörten Platz, wo der Welpe nicht abgelenkt wird. Nach einer Übung erfolgt ausgiebiges Spiel zur Entspannung. Erwarten Sie nicht, daß der Welpe das Gelernte lange behält, üben Sie daher jeden Tag ein paar Minuten lang das gleiche. Beim älteren Hund können die einzelnen Übungszeiten länger dauern und energischer durchgeführt werden.

»Komm, Hier!«

Zur Einübung dieses Kommandos rufen Sie den Welpen am besten, wenn er Ihnen ohnehin seine Aufmerksamkeit schenkt, z. B. wenn Sie die Futterschüssel oder einen Leckerbissen in der Hand halten. Gehen Sie in die Hocke und locken Sie ihn. Kommt er, wird er überschwenglich gelobt und bekommt eine Belohnung. Verlieren Sie niemals die Geduld und schimpfen Sie nicht, wenn er etwas länger braucht. Er wird meinen, für das Herkommen bestraft zu werden, und all die Arbeit war umsonst.

Hat er das Kommando »Komm!« begriffen, rufen Sie ihn auch, wenn er beschäftigt ist. Loben und Belohnung dürfen dann natürlich nicht fehlen. Abgesehen von den erzieherischen Maßnahmen sollten Sie den Hund nur rufen, wenn es einen Grund dafür gibt.

Soll der Hund am Ende eines Spaziergangs angeleint werden, rufen Sie ihn heran und spielen mit ihm. Befindet sich der Hund in greifbarer Nähe, befestigen Sie unauffällig die Leine am Halsband, damit der Hund das Anleinen nicht als Strafe für das Herankommen betrachtet und zu den Vierbeinern gehören wird, die nur mit Mühe dazu zu bewegen sind heranzukommen, wenn es in Richtung Heimat geht. Bestehen Sie jedoch darauf, daß er kommt, egal, wie lange es dauert.

Beim älteren Hund, der sich gegen Sie durchzusetzen versucht, müssen Sie energischer werden; Sie gehen zum Hund und schimpfen, nehmen ihn an die Leine und führen ihn dorthin zurück, von wo aus Sie ihn riefen. Dort angelangt, wird er gelobt. Sie können ihn auch an eine lange Leine legen und mit Gewalt heranziehen, wenn er nicht auf Anruf kommt.

Von der Leine lassen sollte man einen Hund nur, wenn er sicher auf das »Komm!« hört. Ignoriert er Ihr Rufen, nehmen Sie ihn an die kurze Leine und lassen ihn zur Strafe eine Weile nicht mehr frei.

»Bei Fuß!«

Legen Sie dem Welpen zunächst die Nylonleine oder das Katzengeschirr um, später befestigen Sie die Leine, bis er sich schließlich an das »Anhängsel« gewöhnt hat. Nehmen Sie die Leine auf und gehen Sie ihm nach. Zwingen Sie den Welpen nicht in bestimmte Richtungen. Wenn er sich durch die Leine nicht mehr behindert fühlt, locken Sie ihn dahin, wohin Sie gehen wollen. Loben und belohnen Sie ihn.

Geht er freudig mit, fangen Sie mit dem Bei-Fuß-Training an. Der Hund soll an Ihrer linken Seite dicht am Bein gehen, stets Ihrer Schrittgeschwindigkeit angepaßt. Die Leine halten Sie in der rechten Hand, die linke bleibt frei zum Korrigieren und Loben. Prellt der Hund vor, holt ihn ein Ruck (dem Alter und der Sensibilität des Hundes entsprechend kräftig) begleitet von dem Wort »Fuß!« zu Ihrem Knie zurück.

Schon der Welpe kann die wichtigsten Gehorsamsregeln lernen: Herankommen mit einer leckeren Belohnung.

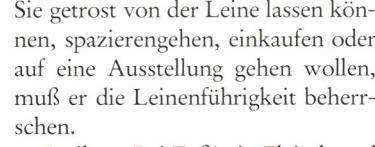

Sie getrost von der Leine lassen können, spazierengehen, einkaufen oder auf eine Ausstellung gehen wollen, muß er die Leinenführigkeit beherrschen.

Ist ihm »Bei Fuß!« in Fleisch und Blut übergegangen, kann man ihn an einem ungestörten Platz, wo er nicht abgelenkt wird, mit dem Kommando »Fuß!« von der Leine lassen. Klopfen Sie sich ans Knie, locken Sie ihn mit einem Leckerbissen, damit er dicht bei Ihnen bleibt. Hat er es gut gemacht, lassen Sie ihn sitzen und entlassen ihn dann mit dem Wort »Lauf!« zu einer Toberunde. Will er sich nicht fügen, bleibt er an der Leine. Rasch wird er lernen, die Leinenübung und »Fuß« ohne Leine als Vorspiel zu einer fröhlichen Spielrunde zu betrachten.

Bestehen Sie darauf, daß er die Übungen so lange ordentlich macht, wie Sie es wollen. Sie bestimmen das Ende der Übung, nicht der Hund. Und vergessen Sie nicht das Signal »Lauf!« zum freien Toben.

Beherrscht der Hund diese Lektion, üben Sie mit ihm an belebten Plätzen. Auch unter Ablenkung muß der Hund dicht bei Fuß an lockerer Leine gehen. Werden Sie niemals übermütig und lassen ihn ohne Leine bei Fuß im Straßenverkehr gehen. Hunde sind unberechenbar, egal, wie gut sie auch erzogen sein mögen. Im Straßenverkehr ist es nützlich, den Hund vor dem Überqueren einer Straße »Steh!« machen zu lassen, und nur auf das Kommando »Fuß!« hin die Fahrbahn zu betreten. (»Sitz!« halte ich für weniger praktisch, denn falls Sie ausstellen wollen, wird sich Ihr Hund, sobald Sie stehenbleiben, automatisch setzen anstatt zu stehen.)

Der erste Erkundungsgang mit dem Welpen an der Leine.

Plötzlicher Richtungswechsel erhöht die Aufmerksamkeit. Bleibt er zurück oder springt zur Seite, folgt das gleiche. Niemals anhaltend zerren, sondern immer mit kurzem Ruck an die richtige Stelle befördern, streicheln, loben, belohnen. Das kostet besonders beim jungen, lebhaften Hund Energie, aber wenn Sie jemals mit einem manierlichen Hund, den

Allmähliche Gewöhnung an den Straßenverkehr.

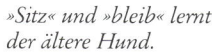
»Sitz!«

»Platz!«

Üben Sie dieses wichtige Kommando mit dem etwas älteren Junghund, wenn er die anderen Lektionen beherrscht, denn es verlangt von beiden Seiten Geduld. Üben Sie, wenn der Hund müde ist. Aus dem »Sitz!« heraus ziehen Sie die Vorderpfoten mit dem Wort »Platz!« nach vorne weg und halten den Hund mit sanftem Druck auf die Schulter am Boden. Hat er das Kommando gelernt, gehen Sie einen Schritt, die Leine festhaltend, von ihm weg, immer ruhig und beschwörend »Platz!« sprechend. Springt er auf, legen Sie ihn an den ursprünglichen Platz zurück und beginnen von vorne.

Hat er begriffen, daß er liegenbleiben muß, entfernen Sie sich ein paar Schritte weiter. Dehnen Sie die Liegezeiten auf einige Minuten aus und achten Sie streng darauf, daß er liegenbleibt. Widersetzt er sich, ziehen Sie die Leine unter Ihrem Schuh durch

»Sitz!«

Sie drücken das Hinterteilchen des Welpen mit dem Wort »Sitz!« sanft zu Boden und belohnen ihn mit einem Leckerbissen. Er muß lernen, so lange sitzenzubleiben, bis Sie ihn »freigeben«.

»Sitz« und »bleib« lernt der ältere Hund.

*Mit etwas Geduld,
Liebe und Bestimmt-
heit klappt auch schon
die Platzübung.*

und zwingen den Hund so zur Platz-
lage, aus der er nicht aufstehen kann.
Setzen Sie sich durch! Die Platzübung
ist für den Hund lebenswichtig. Sie ist
eine der wenigen Lektionen, die ich
mit unerbittlichem Druck übe. Wann
immer Sie »Platz!« rufen, muß der
Hund zu Boden fallen und liegenbleiben; auch wenn Sie weit von Ihrem
Hund entfernt sind.

»Steh!«

Wichtig ist diese Übung vor allem für
den Ausstellungshund und bei Tier-
arztbesuchen. Viele Leute benutzen
es wie ich das »Platz!«, um den Hund
bei Gefahr im Lauf innehalten zu lassen oder vor dem Überqueren einer
Straße. Üben Sie »Steh!« schon mit
dem Welpen. Legen Sie die flache
Hand leicht unter den Bauch des Welpen und sagen Sie immer wieder
»Steh!«. Er wird mucksmäuschenstill
sein. Nach ein paar Minuten loben Sie
ihn. Setzt er sich hin und will spielen,
heben Sie ihn auf, Hand unter dem
Bauch, und befehlen wieder »Steh!«.

Hochspringen

Will Ihr Hund an Ihnen hochspringen, kommen Sie ihm zuvor, indem
Sie sich rechtzeitig zu ihm hinunter-
beugen. Hilft dies nicht, heben Sie im
selben Moment Ihr Knie an, damit er
Ihren Körper nicht erreicht, und
drücken ihn mit »Pfui!« zurück. Steht
Ihr Hund mit allen vier Pfoten auf
dem Boden, bücken Sie sich zu ihm
herunter und loben ihn. Er wird
schließlich begreifen, daß er mit dem
Hochspringen nichts erreicht. Bitten
Sie auch Freunde, die öfter zu Besuch
kommen, um Mithilfe.

Betteln

Wenn Sie essen, sorgen Sie dafür, daß
der Welpe in einem anderen Raum
sein Futter bekommt, damit er Sie gar
nicht erst hungrig beobachtet. Jede
Aufdringlichkeit bei Tisch wird mit
einem »Pfui!« geahndet. Niemals darf
er einen Bissen vom Tisch bekom-

men. Nachgeben bedeutet eine Belohnung seines Fehlverhaltens.

Gibt es einen für ihn bekömmlichen Rest, wird er in den Freßnapf befördert. Später, wenn der Hund nur noch zwei Hauptmahlzeiten am Tag bekommt und ausgesprochen hungrig zu sein scheint, lenken Sie ihn mit einem Hundekuchen ab, den Sie ihm auf seinem Platz geben. Da Hunde insbesondere bei Besuch betteln, weil dann eher die Chance auf Erfolg besteht, sollten Sie und der Besuch (!) hart bleiben.

Zuviel Bellen

Das erwünschte Anschlagen, wenn Fremde kommen, fängt beim erwachsenen Hund ganz von alleine im Alter von etwa 1 bis $1^1/_2$ Jahren an.

Wenn sein Bellen stört, müssen Sie es von Anfang an unterbinden. Bellt der Hund, halten Sie sanft den Fang zu (nicht die Luft abdrücken) und sagen »Pfui!«, »Still!« oder was immer Sie wollen. Es muß aber stets das gleiche Wort sein. Schreien Sie nicht, Ihr Hund freut sich sonst, daß Sie mit ihm bellen! Ruhig und bestimmt muß Ihr Ton sein. Hört er auf zu bellen, bekommt er überschwengliches Lob. Fängt er wieder an – sofort Fang zu und »Still!«. Er wird lernen, was Sie von ihm wollen und später schon auf den erhobenen Zeigefinger reagieren.

Das Kläffen abzugewöhnen ist ein hartes Stück Arbeit, das viel Nervenkraft erfordert. Spielen und Toben sollten Sie deshalb nur dort mit Ihrem Hund, wo er bellen darf. Dies sollte nicht in der Wohnung sein, wenn er dort ansonsten still zu sein hat.

Alleinbleiben

Manchmal muß man den Hund einige Zeit alleine in der Wohnung lassen. Nichts ist dabei unangenehmer als ein stundenlang bellender Hund. Das Wohlwollen der Mitbewohner ist bestimmt nicht grenzenlos. Auch aus Protest zernagte Möbel oder Hundehäufchen bei der Rückkehr vorzufinden, ist nicht das, was man von einem gut erzogenen Hund erwartet. Das Training muß deshalb schon in den ersten Tagen im neuen Heim begonnen werden.

Am besten üben Sie nach einem ausgiebigen Spaziergang, wenn der Hund müde ist. Sie bringen das Kerlchen auf seinen Schlafplatz, reichen ihm einen Kauknochen zur Beschäftigung, gehen, ihm gut zuredend, hinaus und schließen die Tür. Kratzt er an der Tür und weint, schimpfen Sie und legen ihn auf seinen Platz zurück. Ist er still, warten Sie ein paar Minuten und gehen wieder hinein. Sie loben und belohnen ihn mit einem Leckerbissen.

Betreten Sie den Raum aber erst dann, nachdem der Hund wenigstens einige Minuten lang still war. Er darf nicht glauben, daß er es schafft, Sie hereinzulocken, wenn er nur laut genug bellt.

Funktioniert die Übung, solange Sie noch in der Wohnung sind, gehen Sie hinaus und klappen die Haustür hinter sich zu. Hunde sind nicht dumm und wissen sehr wohl, ob Sie weggegangen sind oder nicht. Möglicherweise fängt er jetzt wieder an zu heulen, weil er glaubt, Sie seien fort. Beginnen Sie dann mit der Übung aufs neue!

Der Working Test für den Beardie

Artig muß sich der Hund berühren lassen.

Zur Motivation englischer Beardiebesitzer, mit ihren Hunden zu arbeiten und der Intelligenz und Arbeitsfreude der Hunde gerecht zu werden, entwickelte man dort mit großem Erfolg das Konzept des »Working Test«. Wörtlich übersetzt heißt das »Arbeitstest«, was aber dem Sinn und Inhalt des Tests nicht gerecht wird. Geprüft wird das Verhalten des Bearded Collie in alltäglichen Situationen. Wichtig ist, daß der Hund jederzeit unter Kontrolle ist, daß er mit Umwelteinflüssen leben kann und weder scheu noch bissig ist.

Damit jeder mitmachen kann und durch überspitzte Anforderungen an den Ausbildungsstand des Hundes nicht abgeschreckt wird, beginnt der Working Test mit ganz geringen Anforderungen, die im Grunde schon Welpen erfüllen können. Um auch den Menschen gerecht zu werden, die intensiver arbeiten wollen, stellt der sog. Senior Test schon erhebliche Anforderungen.

Die Tests wurden von Beardieliebhabern für Beardies erarbeitet und sind deshalb der Rasse auf den Leib geschnitten. In Deutschland finden jährlich auf Initiative der Rassebetreuerin Tests statt, die enormen Zuspruch finden. Die Prüfungen werden von anerkannten englischen Spezialrichtern abgenommen. Leider fehlt bisher ein bundesweit durch den Club für Britische Hütehunde organisiertes Trainings- und Prüfungssystem.

Nachfolgend finden Sie die Anforderungen der einzelnen Prüfungen. Sie können durchaus allein mit Ihrem Hund arbeiten und an den Prüfungen teilnehmen. Wenn Sie Ihrem Hund die normalen Gehorsamsübungen beigebracht haben, dürften auch Sie für die erste Stufe gewappnet sein.

Hundehalter könnten sich sehr viel Ärger sparen, wenn es für jede Rasse solche Prüfungen gäbe! Zum einen garantieren sie einen angenehmen, gehorsamen Hund, zum anderen stellen sie einen für die Zucht wichtigen Wesenstest dar. Wenn nämlich ein Hund aufgrund von Nervosität, Ängstlichkeit oder Aggressivität nicht besteht, dann darf er auch nicht zur Zucht verwendet werden.

Bearded Collie Working Test

(Freie Übersetzung)
HF = Hundeführer

Unterstufe – Primary Test

1. Berührung durch einen Fremden
Der Hund sitzt an lockerer Leine neben dem HF und soll sich von einem Fremden anfassen lassen, ohne Anzeichen von Nervosität oder Agressivität zu zeigen. Wenn der Hund seine Stellung verändert, werden ihm keine Punkte abgezogen, wohl aber, wenn er übermäßig ungestüm und laut ist, oder wenn er aus Angst zurückweicht. Jeder Versuch zu beißen führt zur Disqualifikation. 20 Punkte (Mindestpunktzahl 16)

2. Leinenführigkeit
Der Hund geht an lockerer Leine neben dem HF und hat zu warten, wenn der HF anhält. Dies hat mit Richtungs- und Geschwindigkeitsänderungen zu geschehen. Es werden Ablenkungen aufgeboten, wie z. B. ein Fremder, der den HF anhält und anspricht, ein anderer Hund, der sich an der Leine nähert, oder ein halbes Dutzend Leute, die klatschen: Dies sollte den Hund nicht zu sehr aufregen. Bellt der Hund, sollte ihn der HF sofort zur Ruhe bringen können. Zweck dieser Übung ist, zu zeigen, daß sich der Hund der Ganggeschwindigkeit und Richtung des HF anpaßt, ohne an der Leine zu ziehen. 20 Punkte (Mindestpunktzahl 16)

3. Rückruf
Der Hund wird am Halsband festgehalten, während der HF sich ein Stück entfernt. Wenn der HF ruft, sollte der Hund sofort und ohne Zögern zu ihm kommen und sich anleinen lassen. Bewegt sich der HF zum Hund, gibt es Punktabzug. 20 Punkte (Mindestpunktzahl 16)

4. Futter verweigern
Futter wird auf den Boden gelegt und der Hund an lockerer Leine so daran vorbeigeführt, daß er es erreichen kann. Auf Befehl darf er das Futter nicht beachten. 20 Punkte (Mindestpunktzahl 16)

5. Ablegen an der Leine

Der Hund wird angebunden. Der Hundeführer entfernt sich mindestens 12 Schritte. Der Hund darf nicht in Panik geraten, nicht an der Leine zerren oder ständig bellen. Es dürfen zusätzliche Kommandos gegeben werden. 20 Punkte (Mindestpunktzahl 16)

Anfänger – Junior Working Test

1. Berührung durch einen Fremden

Der Hund steht an lockerer Leine neben dem HF und läßt sich abtasten. Der HF darf beruhigend auf ihn einwirken, aber der Hund soll während der ganzen Untersuchung durch den Richter stehenbleiben. 15 Punkte (Mindestpunktzahl 12)

2. Leinenführigkeit

Bei-Fuß-Gehen an lockerer Leine, sowohl mit Tempo-, als auch mit Richtungsänderungen. Der Hund soll sitzen, wenn der HF anhält. Es können dieselben Ablenkungen aufgeboten werden wie in der 2. Übung des Primary Test. 15 Punkte (Mindestpunktzahl 12)

3. Rückruf

Der Hund kann von einem Helfer gehalten oder frei abgelegt werden. Auf Rückruf sollte er direkt auf den HF zukommen und sich vor ihm setzen. Die Einnahme der Grundstellung (Sitzen an linker Seite) ist nicht notwendig. 15 Punkte (Mindestpunktzahl 12)

4. 1 Minute ablegen

Der HF läßt den Hund auf Kommando zurück (sitzend, stehend oder liegend), entfernt sich, bleibt jedoch in Sichtweite. Verändert der Hund seine Position, bekommt er nur geringen Punktverlust; wenn er sich aber von der Stelle, an der er bleiben soll, wegbewegt, wird er disqualifiziert. Zusätzliche Kommandos sind erlaubt. 15 Punkte (Mindestpunktzahl 12)

Selbst der Welpe kann den Primary Test schon bestehen: Er geht brav an der Leine bei Fuß, ohne sich an den vielen Ablenkungen zu stören.

Rückruf: Ohne sich beirren zu lassen, trabt die Hündin zu ihrem Frauchen zurück.

ren Strecke ohne Leine. Der Hund muß gleichmäßig ziemlich dicht beim HF bleiben, ihn aber nicht beim Gehen behindern. Richtungs- und Tempoänderungen gehören dazu. Bleibt der HF stehen, hat der Hund zu sitzen.

Dieselben Ablenkungen können aufgeboten werden wie beim Primary Test, 2. Übung. 15 Punkte (Mindestpunktzahl 12)

5. Apportieren eines beliebigen Gegenstandes des HF

Der Hund darf festgehalten werden, während der Gegenstand geworfen wird, sollte aber geradewegs hinlaufen, um den Gegenstand aufzunehmen und ihn in die Hand abzuliefern, ohne ihn fallen zu lassen. Der HF darf den Hund beliebig anspornen. 15 Punkte (Mindestpunktzahl 12)

6. 30 cm Sprung ohne Leine

Der HF darf mit dem Hund springen. Beim Springen dürfen keine Zughalsbänder getragen werden. Verweigert der Hund den Sprung, darf er weitere Versuche machen, verliert aber für jeden Versuch 2 Punkte. 15 Punkte (Mindestpunktzahl 12)

Mittelstufe – Intermediate Test

1. Fußübung

Ganz kurze Strecke an der Leine, unmittelbar gefolgt von einer viel länge-

2. 3 Minuten ablegen

Der HF läßt den Hund in beliebiger Position warten, bleibt aber in Sichtweite. Keine zusätzlichen Kommandos erlaubt! Eine Positionsänderung gibt nur leichten Punktabzug, bewegt sich der Hund jedoch von der Stelle, auf der er gelassen wurde, weg, wird er disqualifiziert. 15 Punkte (Mindestpunktzahl 12)

3. Rückruf

Rückruf aus der Sitz- oder Platzstellung an die Seite des HF, während dieser weggeht. 15 Punkte (Mindestpunktzahl 12)

4. Anhalten beim Rückruf

Der HF läßt den Hund in einer Warteposition, entfernt sich und ruft ihn zurück. Auf halbem Wege stoppt er den Hund auf Befehl. Da diese Übung lebensrettend sein kann, ist es entscheidend, daß der Hund sofort auf den ersten Befehl innehält. 10 Punkte (Mindestpunktzahl 8)

5. Sprung über die 60-cm-Hürde

Beim Springen dürfen keine Zughalsbänder getragen werden. Der HF darf mit zur Hürde laufen, um den Hund anzuspornen, darf die Hürde aber nicht vor dem Hund passieren. Der Hund sollte nach dem Sprung einigermaßen unter Kontrolle bleiben. Verweigert der Hund den Sprung oder läuft an der Hürde vorbei, darf er weitere Versuche machen, verliert aber 2 Punkte für jeden Versuch. 10 Punkte (Mindestpunktzahl 8)

6. Apportieren eines Bringholzes

Der Hund muß auf geradem Weg zum Gegenstand laufen und ihn auf geradem Weg zurückbringen, ohne ihn fallen zu lassen. Er muß sich mit dem Bringholz im Fang vor den HF setzen. Der HF darf das Bringholz erst auf Anweisung des Helfers abnehmen. Jede Bewegung des HF auf den Hund zu ergibt Punktabzug. 10 Punkte (Mindestpunktzahl 8)

7. Abtasten im Stand

Der Hund steht an lockerer Leine, während ihn der Richter abtastet. Der HF soll wenigstens einen Schritt entfernt stehen. 10 Punkte (Mindestpunktzahl 8)

8. Einfache Suche nach freier Wahl des HF

I) Verlorensuche: Der HF läßt beim Gehen einen Gegenstand, den er selbst stellt und der sichtbar ist (kein Bringholz), heimlich fallen. Der Hund muß mindestens 15 Schritt zurückgeschickt werden und sollte den Gegenstand finden, aufnehmen und in die Hand zurückbringen. Oder:

II) Geländesuche: ca. 8 cm lange Holzdübel oder Gartenschlauchstükke werden von der Organisation gestellt. Der HF erhält vier Stücke, um sie mit seinem Geruch zu versehen. Der Helfer legt sie in einem abgegrenzten Bezirk von ungefähr 11 m x 11 m aus, ohne daß HF und Hund zusehen dürfen. Der Hund muß einen der vier Gegenstände finden und in die Hand abliefern. Der HF darf rund um den abgegrenzten Bezirk herumgehen, muß aber außerhalb bleiben. Für jeden Hund muß ein eigenes Gelände abgesteckt werden. Der Hund hat 3 Minuten Zeit. Die Gegenstände dürfen dem Hund weder vor dem Test gegeben noch danach noch einmal benutzt werden. 15 Punkte (Mindestpunktzahl 12)

Oberstufe – Senior Test

1. Freifolge im schnellen, langsamen und normalen Schritt

An einem Punkt wird der Hund auf Befehl des HF entweder in der Steh- oder der Sitz- oder der Platzposition zurückgelassen. Der HF geht nach Anweisung des Helfers weiter, bis er wieder beim Hund anlangt, dann setzen beide zusammen den Weg fort. Der Hund muß bei Fuß bleiben, während der HF durch eine Gruppe von Menschen und Hunden geht, die klatschen und laut rufen. Punktabzug gibt es, wenn der HF übermäßige Kommandos braucht oder der Hund bellt. Weitere Ablenkungen können nach Gutdünken des Richters hinzukommen. Dazu können etwa ungewöhnliche Gegenstände oder Futter am Boden gehören. 15 Punkte (Mindestpunktzahl 12)

2. 5 Minuten Ablegen in der Platzstellung

Ohne daß der HF in Sicht des Hundes ist, keine Extra-Kommandos erlaubt! Eine Stellungsänderung des Hundes gibt nur leichten Punktabzug, aber ein Hund, der sich von der Stelle, an der er abgelegt worden ist, entfernt, wird disqualifiziert. 10 Punkte (Mindestpunktzahl 8)

*Apportieren ist schon
ein wenig schwieriger;
auf keinen Fall darf die
Hündin das Apportier-
holz fallenlassen!*

benutzt werden. Der Hund hat 3 Minuten Zeit.

In beiden Übungen sollte der Gegenstand, den der Richter stellt, nicht kleiner als eine Streichholzschachtel und ziemlich unauffällig in der Farbe sein und nicht aus einem Material bestehen, das den Hund an der Schnauze verletzen könnte. 15 Punkte (Mindestpunktzahl 12)

4. Abtasten im Stand ohne Leine
Keine Extra-Kommandos erlaubt! Der HF muß mindestens 3 Schritte entfernt stehen. 20 Punkte (Mindestpunktzahl 16)

5. Weitsprung
Über ein 1,50 m breites, flaches Hindernis. 20 Punkte (Mindestpunktzahl 16)

6. Hürdensprung
Über eine ca. 75 cm hohe Hürde. 10 Punkte (Mindestpunktzahl 8)

Bei beiden Übungen (5 und 6) darf der HF mit zum Hindernis laufen, um den Hund anzuspornen, darf aber das Hindernis nicht passieren, bevor der Hund es genommen hat. Sollte der Hund den Sprung verweigern, darf er einen weiteren Versuch machen, verliert aber 2 Punkte. Beim Springen dürfen keine Zughalsbänder getragen werden.

7. Voraussenden
Der Hund wird vorausgeschickt (mindestens 23 m) zu einer Stelle, die durch die Sachen des HF markiert ist, und muß sich daneben hinlegen. Der HF kehrt zu dieser Stelle zurück, nimmt seine Sachen auf, geht weg und ruft den Hund schließlich bei Fuß. 20 Punkte (Mindestpunktzahl 16)

3. Suche nach Wahl des HF
I) Verlorensuche: Während der Hund bei Fuß geht, läßt der HF heimlich einen Gegenstand, den er vom Richter bekommen hat, auf Kommando fallen. Hund und HF müssen mindestens 30 Schritte weitergehen, bevor der Hund zurückgeschickt wird, um den Gegenstand zu finden und in die Hand abzuliefern. Der Hund hat 3 Minuten Zeit, um den Gegenstand zu finden. Oder:

II) Geländesuche: Der Hund hat einen abgegrenzten Bezirk von ungefähr 11 m x 11 m, um einen Gegenstand, den der Richter stellt und den ein Helfer mit dem Geruch des HF versehen hat, ohne daß es HF oder Hund bemerkt haben, zu finden und zu apportieren. Der HF darf um den eingegrenzten Bezirk herumgehen, muß aber außerhalb bleiben. Für jeden Hund muß ein eigenes Gelände

Sport und Spaß mit dem Hund

Bearded Collies sind Arbeitshunde, sie wollen und müssen beschäftigt werden, sollen sie ihren wahren Charakter voll entfalten. Ihre Höchstform erreichen sie immer dann, wenn Aktion gefragt ist, passives Ausführen liegt ihnen hingegen weniger. Reine Gehorsamswettbewerbe, wo eine präzise Durchführung der Übungen wesentlich ist, lieben die meisten Beardies nicht. Deshalb sollte man sich auch nicht an sog. »Patentrezepten« festklammern, die

oft auf Übungsplätzen angeboten werden, sondern seinen eigenen Hund beobachten und feststellen, wie man ihn am besten motiviert.

Die für die folgenden Ausbildungen geforderten Voraussetzungen des Gehorsams kann jeder Beardie mit einem verständnisvollen Ausbilder mit Bravour meistern. Die Möglichkeiten im organisierten Hundesport sind schier unbegrenzt, sieht man einmal von Windhund- und Schlittenhundrennen ab. Sport und Spiel mit dem Hund kommt nicht nur dem Hund zugute, sondern auch der Gesundheit des Hundebesitzers.

Schutzhundprüfung (SchH)

Sie ist die »Hohe Schule« des Hundesports und wird in letzter Zeit ganz zu Unrecht verteufelt. Es mag u. U. gewisse Auswüchse geben, wenn sie zur Zuchtzulassung gefordert wird und ein schöner Hund mit allen Mitteln zum »Bestehen« gebracht wird. Das ist beim Bearded Collie jedoch nicht der Fall. Vielen Beardies bereitet sie

Toben ist die schönste Belohnung.

einen Heidenspaß. Eignet sich ein Beardie nicht für den Schutzdienst, sollte man ihn auch nicht zum Beißen bringen wollen, das schadet seinem Vertrauen zum Menschen und verursacht sog. unkontrollierbare Angstbeißer. Beißt er jedoch voller Freude und Passion in den Ärmel, dann kann die Schutzhundarbeit seinen Charakter nicht verderben.

Da den meisten Bearded Collies ausgeprägter Kampftrieb fehlt und sie eher spielerisch und aus Beutetrieb heraus zufassen, kann es genausogut passieren, daß sie auch einmal keine Lust haben und nur verbellen. Das zuverlässig exakte Ausführen der Unterordnungsübungen finden die meisten Beardies furchtbar langweilig, und sie verlieren rasch die Konzentration. Wer mit seinem Bearded Collie das Goldene Hundeführersportabzeichen erreichen will, muß schon viel Geduld und Humor mitbringen.

Die Schutzhundprüfung besteht aus A) Fährtenarbeit, B) Unterordnung (Leinenführigkeit, Freifolge, Schußfestigkeit, Sitzübung, Ablegen in Verbindung mit Herankommen, Bringen eines Gegenstandes zu ebener Erde, Bringen über eine 1 m hohe Hürde, Voraussenden mit Ablegen, Ablegen unter Ablenkung) und C) dem Schutzdienst (Stellen und Verbellen eines Scheintäters, Abwehren eines Überfalls durch Biß in den geschützten Arm des Scheintäters, wobei er zwei genau vorgeschriebene, den Hund nicht verletzende Schläge hinnehmen muß, und Verfolgen und Stellen des Scheintäters auf der Flucht). Mit jeder Prüfungsstufe (I, II, III) werden die Übungen schwieriger.

Schutzhund wird heute bei fast allen Hundesportvereinen trainiert.

Auch rassebezogene Vereine lassen gelegentlich einen »Fremdling« zu. Leider sind zur Zeit Bestrebungen im Gange, den Schutzhundesport für Hunde, die nicht zu den anerkannten Diensthunderassen gehören, gänzlich zu verbieten. Bitte erkundigen Sie sich nach dem neuesten Stand der Dinge bei dem für Sie in Frage kommenden Übungsplatz oder dem Ausbildungswart des Clubs für Britische Hütehunde, ehe Sie mit der Ausbildung beginnen.

Begleithundprüfung (BH)

Die Anforderungen dieser nach dem täglichen Leben ausgerichteten Prüfung sollten Hund und Hundeführer beherrschen. Ein wohlerzogener Hund hat mehr Freiheiten und ist überall gern gesehen. Zugelassen sind Hunde aller Rassen und Größen ab 12 Monaten. Die Hunde müssen vom Eigentümer oder einer mit in der Gemeinschaft lebenden Person ausgebildet und zur Prüfung geführt werden.

Geprüft werden die Leinenführigkeit und Unbefangenheit gegenüber fremden Personen, Freifolge (d. h. bei Fuß gehen ohne Leine), Hinsetzen und Sitzenbleiben, Ablegen in Verbindung mit Herankommen und Verkehrssicherheitsprüfung im Straßenverkehr. Der Hund muß sich im lebhaften Straßenverkehr ruhig und gehorsam verhalten. Die Ausbildung für diese wichtige Prüfung findet auf den meisten Hundesportplätzen statt, die man in beinahe jeder Gemeinde finden kann.

Fährtenhund-prüfung (FH)

Die Fährtenhundprüfung ist etwas für geduldige Menschen, die gerne intensiv mit ihrem Hund in Ruhe arbeiten. Fährten zu verfolgen ist für den Hund eine ganz normale Sache. Man bringt ihm jedoch bei, bestimmte Fährten auszuarbeiten.

Die Fährtenarbeit ist eine sinnvolle und nützliche Beschäftigung mit dem Hund, die auch im täglichen Leben von Vorteil sein kann. Voraussetzung ist eine bestandene Begleithundprüfung.

Bearded Collies besitzen einen hervorragenden Geruchssinn und können auch schwierige Fährten ausarbeiten, wenn sie gut vorbereitet wurden. Die Schwierigkeit bei der Sucharbeit liegt eher in Mißverständnissen zwischen Hund und Herr als in der Leistungsfähigkeit des Hundes begründet.

Die Prüfungsfährte ist eine mindestens 1400 Schritt lange und mindestens drei Stunden alte Fremdfährte, die sechs dem Gelände angepaßte Winkel aufweisen muß und mindestens dreimal von einer frischeren Fremdfährte gekreuzt wird. Auf der Fährte liegen in unregelmäßigen Abständen vier mit der Witterung des Fährtenlegers behaftete Gebrauchsgegenstände. Der Hund muß diese Gegenstände finden und entweder in den Fang nehmen oder verweisen.

Der Hund kann bei der Prüfung mit oder ohne lange Leine arbeiten. Der Hund hat bestanden, wenn wenigstens 70 von 100 Punkten erreicht wurden.

Wachhund-prüfung (WH)

Zur WH sind Hunde aller Rassen und Größen zugelassen, die wenigstens 12 Monate alt sind. Geprüft werden folgende Disziplinen: Unterordnungsübungen wie bei der BH, Holen eines Gegenstandes, Ablegen des Hundes unter Ablenkung bei einem Gegenstand (der nächste Prüfling wird in den ersten drei Disziplinen geführt, während der Hund bei einer Aktentasche ruhig liegenbleibt), Anhänglichkeit (der Hund muß seinen Herrn in einer Gruppe Menschen finden), Besitzwahrung (der Hund befindet sich an einer Kette und wird mit »Paß auf« bei einem größeren Gegenstand des Herrn zurückgelassen. Ein Helfer versucht, ihm den Gegenstand abzunehmen. Der Hund muß Abwehrverhalten zeigen, darf aber nicht gehetzt werden), Prüfung auf seine Wachsamkeit (z. B. in einem eingezäunten Grundstück oder an einer langen Laufkette). Wichtig ist, daß der Hund nicht beißen darf und soll.

Rettungshund (RH)

Voraussetzung für die Arbeit eines Rettungshundes ist die Beherrschung der Unterordnung gemäß SchH, denn unbedingter Gehorsam mit und ohne Leine ist unerläßlich. Der Rettungshund muß unter schwierigsten Bedingungen vermißte oder ver-

ter höchster Konzentration alleine im Gelände oder in den Trümmern nach Gerüchen fahnden, die auf Menschen – tot oder lebendig – hinweisen.

Die Arbeit ist anstrengend, aber sie macht Freude. Allerdings ist sie kein Freizeitspaß, denn man muß damit rechnen, über Nacht in Katastrophengebiete in aller Welt abgerufen zu werden. Jeder Hund und Hundeführer wird jährlich erneut auf seine Tauglichkeit geprüft, so daß wirklich nur einsatzfähige Hunde für den Notfall zur Verfügung stehen.

Es gibt nicht viele Übungsplätze in Deutschland, aber wenn einer in erreichbarer Nähe ist, man körperlich fit ist und etwas Sinnvolles mit seinem Hund leisten will, sollte man es mal versuchen.

Breitensport

Nun kommen wir vom ernsten Hundesport zu den vergnüglichen Disziplinen. Breitensport wird inzwischen vielerorts angeboten und ist für sportliche Hundeführer eine herrliche Beschäftigungsmöglichkeit mit dem Hund. Breitensportturniere sind in ganz Deutschland beliebt, sie sind Wettkampf und Vergnügen in einem.

Man unterteilt in Klassen mit Hunden unter 50 cm und über 50 cm Schulterhöhe sowie in Altersklassen der Hundeführer, um einen fairen Wettbewerb zu garantieren. In folgenden Disziplinen kann gestartet werden:

1. Vierkampf (Gehorsamsübungen, Hürdensprung, Slalomlauf, Hindernislauf),

2. Sechskampf (wie Vierkampf, zu-

Bei der Ausbildung lernt der Hund, alle möglichen Hindernisse ruhig und sicher zu überwinden.

schüttete Menschen suchen und das Finden durch Bellen anzeigen. Man übt die Flächensuche, z. B. wenn Menschen vermißt werden, oder die Trümmersuche, wo Menschen unter eingestürzten Häusern, Erdrutschen und dergleichen mehr verschüttet wurden.

Die Ausbildung der Rettungshunde besteht in der Hauptsache in der Gewöhnung der Hunde an alle möglichen Umweltgegebenheiten und Einflüsse, wie Feuer, Rauch, Lärm, Wasser usw. Die Hunde müssen sich aus Hubschraubern abseilen lassen und unter Tage in eingestürzten Bergwerken arbeiten. Nur nervlich einwandfreie Hunde können diese Aufgabe bewältigen und unbeirrt und un-

sätzlich Witterungstest oder Verlorensuche, Gegenstandbewachen oder
Verteidigungsbereitschaft),

3. Geländelauf 2000 oder 5000 m,

4. Hindernislauf-Turnier (auf einer
Bahn von 75 m Länge sind 8 Hindernisse aufgebaut, die der Hund überwinden muß).

Es kommt, je nach Disziplin, auf
Zeit und/oder fehlerfreie Ausführung
an.

Agility

Aus England kam in den letzten Jahren diese herrliche Hundesportart
nach Deutschland. Noch ist es nicht
ganz einfach, Übungsplätze zu finden, aber ich glaube, daß die Beliebt-
heit, wie in Holland, Belgien und
Frankreich, rasch zunehmen wird.

Der Hindernislauf
macht dem Bearded
Collie am meisten
Spaß.

Ein cleverer Veranstalter hat sich
diesen Hundespaß einfallen lassen,
um die Pausen bei Reitturnieren für
die Zuschauer interessant zu machen.
Er baute den Pferdeparcours in ver-
kleinerter Form nach und ließ Hunde
über die Hindernisse springen. Das
war ein solcher Erfolg, daß Agility
heute ein verbreiteter Hundesport ist,
der viele Zuschauer begeistert.

Die verschiedenen Turnierdiszi-
plinen sind dem Reitturniersport
nachempfunden. Im Gegensatz zum
Breitensport ändert sich der Parcours
von Veranstaltung zu Veranstaltung.
Es geht um Fehler und Zeit, wie bei
den Pferden, und dem Hundeführer
wird gute Kondition abverlangt. Die
Arbeit mit dem Hund erfordert viel
Zeit und Geschick, bis er Spitzenlei-
stungen erbringen kann. Wer einmal
zugeschaut hat, mit welcher Begeiste-

Berufsschäfer Junglas ist mit der Hütearbeit seiner Beardiehündin »Hillbilly Dobby Blues« sehr zufrieden.

rung die Hunde mitmachen, wird seinem Hund diesen herrlichen Spaß kaum vorenthalten wollen. Voraussetzung ist allerdings ein absolut gehorsamer Hund mit ausgeprägtem Spieltrieb.

Flyball

Eine neue und noch wenig verbreitete Hundesportart ist Flyball – fliegender Ball. Der Hund springt über Hindernisse hinweg zu einem Kasten, betätigt eine Taste, worauf ein Ball hochspringt, den der Hund fangen und über die Hindernisse zurückbringen muß. Das ist ein schöner Bewegungsspaß für Hunde, deren Besitzer nicht fit genug sind für Breitensport und Agility.

Hütearbeit

Leider wird in Europa in dieser Beziehung für den Beardie nichts geboten. In Deutschland und in der Schweiz sind die Border-Collie-Leute sehr aktiv und führen Hütelehrgänge durch, auf denen auch andere Rassen willkommen sind. Aber diese interessante Möglichkeit wird kaum wahrgenommen.

In den USA wurde auf Initiative von Collieleuten die Hütearbeit zum offiziell anerkannten Prüfungssport. Hier zeigen auch Bearded Collies, daß sie noch immer Vollblut-Hütehunde sind.

Zur Zeit wird eine Beardie-Hündin von einem Schäfer zu seiner großen Zufriedenheit eingesetzt.

Mit dem Beardie auf der Hunde-ausstellung

Das perfekte Stehen demonstriert hier »Cassy«, Ch. Potter-dale Classic of Moon-hill, Beste der Aus-stellung aller Rassen auf der weltgrößten Hundeschau, der Crufts 1989.

Wenn Sie der Züchter Ihres Hundes darum bittet, Ihren Beardie auszustellen, sollten Sie dies nicht abschlagen. Dort bekommen Sie ein fachliches Urteil über die äußeren Qualitäten Ihres Hundes und haben die Gelegenheit, andere Hunde zu sehen und mit deren Besitzern Erfahrungen auszutauschen. Der Züchter sieht darin einen Wettstreit, bei dem er seine Ergebnisse mit denen anderer Züchter vergleichen kann und der ihm zeigt, ob er mit seinen züchterischen Bemühungen Erfolg hat.

Von Bedeutung sind Internationale Schauen (für Hunde aller Rassen) und Spezialzuchtschauen (nur für Britische Hütehunde). Ausstellungstermine und Meldeunterlagen erhalten Sie beim Dachverband oder Zuchtverein (Adressen siehe Anhang).

Voraussetzung für die Teilnahme eines Hundes ist die von der FCI anerkannte Ahnentafel, daß er älter als 6 Monate ist, im Falle eines Rüden beide Hoden in den Hodensack abgestiegen und fühlbar vorhanden sind, der Hund gesund und frei von Ungeziefer ist. Läufige, tragende und säugende Hündinnen gehören nicht auf eine Schau. Beachten Sie die Gesundheitsbestimmungen (Tollwutimpfungen etc.). Am besten besuchen Sie eine nahegelegene Ausstellung erst einmal ohne Hund, um sich eine Vorstellung vom Ablauf zu machen.

Leider hat sich der Bearded Collie inzwischen zu einer frisierten Schauschönheit entwickelt, den manche Aussteller gar nicht mehr in Feld und Wald laufen lassen, um die Haarpracht zu schonen. Dies ist eine vollkommene Fehlleitung, denn der Bearded Collie ist ein uriger Arbeitshund, der zwar gepflegt und sauber sein sollte, aber gar mit Scheitel auf dem Rücken und bodenlangem Haar vorgeführt, dem Rassebild überhaupt nicht entspricht. Unglücklicherweise lassen sich viele Schaurichter von den gut zurechtgemachten Hunden blenden, und oft gewinnt nicht der beste Hund, sondern der am besten frisierte. Man kann nur hoffen, daß die Züchter und vor allem die Ausstellungsrichter, die das Zuchtgeschehen maßgeblich beeinflussen, begreifen, daß sie damit eine der schönsten und noch ursprünglichsten Hunderassen in kürzester Zeit zugrunderichten.

Auch wenn Sie auf den ersten Blick keine Lust haben, dieses Theater mitzumachen, tun Sie es, der Rasse zuliebe, mit einem sauberen, gepflegten, wohlerzogenen Beardie, der wenigstens für die Zuschauer ein typisches Bild bietet und beweist, daß es auch noch Beardies gibt, die ihrem ursprünglichen Lebenszweck entsprechen!

Ich empfehle für eine erste Teilnahme mit Hund immer eine in der Nähe stattfindende Spezialzuchtschau. Sie hat familiären Charakter und ist weniger anstrengend als die großen Internationalen Ausstellungen und eher geeignet, erste Erfahrungen zu sammeln und Kontakte zu knüpfen.

Lesen Sie sorgfältig die Meldepapiere hinsichtlich der Bedingungen zur Meldung in die jeweiligen Klassen durch, damit Sie Ihren Hund in der für ihn richtigen Klasse melden.

Der Ausstellungshund

Selbstverständlich sollte man einen Bearded Collie nur in bester gesundheitlicher Verfassung mit etwas Ringtraining ausstellen. Der Richter hat nur wenige Minuten Zeit, sich ein Urteil über Ihren Hund zu bilden. Seine Vorzüge sollten deshalb auf den ersten Blick zu sehen sein und dem Richter ins Auge fallen. Ich gebe Ihnen hier ein paar Tips, wie Sie auch als Anfänger einen gut vorbereiteten Hund vorführen können.

Es hat nur Sinn, einen Beardie zu zeigen, wenn er sich in voller Haarpracht befindet und nicht gerade im Fellwechsel steht oder die Unterwolle abgeworfen hat. Es wäre unfair, ihn in solch unschönem Zustand in die Konkurrenz zu schicken, denn er würde keinerlei Chancen auf eine gute Plazierung haben.

Wenn Sie Ihren Hund wie beschrieben regelmäßig gepflegt haben, bürsten Sie ihn am Vortag gründlich, reinigen Zähne und Ohren, kürzen die Krallen bei Bedarf. Sie können die weißen Fellpartien anfeuchten und mit einem milden Shampoo waschen. Wenn das gut ausgespülte und abgetrocknete Haar gerade noch feucht ist, stäuben Sie Trockenshampoo ein oder geben Mais- oder Kartoffelmehl in eine flache Schale und tauchen eine

Bürste mit Naturborsten hinein. Damit verteilen Sie das Mehl in die weißen Fellpartien. Wenn das Haar vollkommen trocken ist, bürsten Sie das Mehl sorgfältig aus. Diese Prozedur verleiht dem weißen Fell Fülle und bringt das Weiß zum Strahlen. Ein Tupfer Vaseline auf dem Nasenschwamm läßt ihn schön sauber glänzen.

Reisen Sie bei schlechtem Wetter und Ihr Hund hat sich schmutzig gemacht, bringen Sie nach Erreichen des Ausstellungsgebäudes in das mit einer Sprühflasche angefeuchtete Haar etwas Kartoffelmehl und bürsten es, wenn es trocken ist, gründlich aus, ehe Sie den Ring betreten.

Vom richtigen Vorführen

Damit der Richter das Gebäude und Gangwerk eines Hundes beurteilen kann, muß der Hund bei lockerer Leine bei Fuß gehen und sich Ihrer Ganggeschwindigkeit anpassen. Aber auch das Stehen will gelernt sein. Der Hund soll würdevoll und gelassen, dabei aufmerksam im Ring stehen.

Wenn Ihr Beardie im Ring steht wie ein begossener Pudel oder wie wild herumtobt, müssen Sie verstehen, daß es der Richter leichter hat, einen Hund zu bewerten, der gesittet steht und seine Schönheit voll entfaltet. Das kommt jedoch nicht von ungefähr, sondern muß geübt werden. Wenn Sie Ihren Welpen schon mit der Absicht gekauft haben, ihn auszustellen, beginnen Sie von klein an mit dem Training.

Das Zähnezeigen

Ein korrektes Gebiß ist sehr wichtig, deshalb wird es jeder Richter überprüfen. Üben Sie dies vorher. Bitten Sie Freunde um Mithilfe, damit Ihr Hund auch Fremde an sein Gebiß heranläßt.

Heben Sie bei geschlossenem Fang die Lippen an, damit die Schneidezähne sichtbar werden; danach die Lefzen an den Seiten. So kann der Richter den Gebißschluß sehen und feststellen, ob eventuell Zähne fehlen. Öffnen Sie nun den Fang. Dabei legen Sie die linke Hand über den Fang, umschließen mit der rechten den Unterkiefer und drücken mit Daumen und Zeigefinger zwischen die Kiefer, bis er das Maul öffnet. Das kann ein Geduldsspiel sein, aber wenn Ihr Hund gewöhnt ist, daß Sie regelmäßig sein Gebiß reinigen, dürfte es kein Problem sein.

Das Stehen

Wichtig für die Beurteilung des Körperbaus ist, daß der Hund korrekt steht. Meist beginnt der Züchter schon mit dem Welpen zu üben. Wann immer Sie ihn zum Bürsten auf den Tisch stellen, halten Sie ihn eine Weile ruhig mit dem Wort »Steh«. Heben Sie ihn an der Brust an, damit die Vorderbeine senkrecht zum Boden stehen, achten Sie darauf, daß der Rücken gerade ist und die Hinterbeinchen nicht schief stehen. Streicheln Sie sanft sein Bäuchlein, reden Sie ruhig mit ihm, und nach ein paar Sekunden loben Sie ihn tüchtig.

Diese Steh-Übung sollten Sie ruhig öfter am Tag, wo immer Sie sich mit dem Hund befinden, wenige Minuten lang machen und immer mit ausgiebigem Loben beenden. Stehen darf keine Strafübung sein, sondern muß immer mit einem freudigen Ereignis enden. Schließlich soll Ihr Beardie ja mit freudiger Aufmerksamkeit im Ring stehen.

Manche Aussteller übertreiben auch hier und bringen ihren Hunden bei, völlig reglos wie Denkmäler im Ring zu stehen. Das macht Eindruck, entspricht aber doch so gar nicht dem Beardie-Temperament! Wenn Ihr Hund sich bewegt, nehmen Sie dies gelassen hin und versuchen Sie nicht verzweifelt, ihn wieder aufzubauen. Das klappt nie! Gehen Sie ohne Aufhebens ein Schrittchen vor, der Hund kommt automatisch in seine korrekte Standposition zurück. Der Hund lernt allmählich, auch längere Zeit zu stehen.

Achten Sie darauf, daß der Hund korrekt steht, wenn der Richter ihn begutachtet oder ihn in die engere Wahl genommen hat und mit einem anderen Hund vergleicht. Wenn sich der Richter jedoch intensiv mit den anderen Hunden befaßt, brauchen Sie die Geduld Ihres Hundes nicht überzustrapazieren und perfektes Stehen zu verlangen. Das ermüdet den Hund, und wenn es nachher in der Endausscheidung um die Wurst geht, hat er keine Lust mehr. Diesen Fehler machen die meisten aufgeregten Anfänger.

Das Gangwerk

Wichtig ist für einen Arbeitshund wie den Bearded Collie ein müheloses, fließendes Gangwerk zu zeigen. Ideal wäre, wenn Sie dies mit einem erfahrenen Beardiekenner üben könnten.

Jeder Hund braucht eine andere Geschwindigkeit, um die seinen Körperproportionen entsprechend beste Gangart zu zeigen. Der Kenner kann Ihnen sagen, wann Sie die richtige Geschwindigkeit mit Ihrem Hund erreicht haben. Auf die sollten Sie sich einstellen und ihn auch so im Ring vorführen. Voraussetzung ist natürlich, daß Ihr Hund an lockerer Leine in jeder Ganggeschwindigkeit bei Fuß geht. Kein Richter kann das Gangwerk eines hüpfenden, springenden, tobenden oder an der Leine zerrenden Hundes beurteilen. Viele, selbst erfahrene Aussteller machen den schwerwiegenden Fehler, beim Vorführen den Kopf des Hundes hochzureißen.

Der Bearded Collie hat als Arbeitshund ein ausgreifendes, müheloses Gangwerk zu zeigen, an dem man sofort erkennen kann, daß er in der Lage wäre, einen ganzen Tag lang ohne zu ermüden zu arbeiten. Dabei nimmt der Hund eine Haltung ein, die einen optimalen Bewegungsablauf ermöglicht, und zwar mit waagrecht nach vorn gestrecktem Kopf. Kein Hund trabt mit hocherhobenem Kopf. Manche Richter mögen sich auch hiervon blenden lassen, und für einen Laien sieht es oft hübsch aus, wenn der Hund wie ein stolzes Pferdchen trabt, aber mit hochgezogenem Kopf kann der Hund nicht korrekt laufen. Die Schulterwinkelung stimmt nicht mehr, der ganze Bewegungsablauf ist gehemmt. Deshalb ist es ganz wichtig, daß Ihr Hund an lockerer Leine bei Fuß läuft.

Viele Aussteller haben eigenartige Bewegungsabläufe antrainiert, damit die Hunde die Ruten hängen lassen. Auch das ist ein Fehler! Im gestreckten, mühelosen Trab kann die Rute waagrecht nach hinten ausgestreckt werden. Solange sie nicht über den Rücken gerollt wird, ist das vollkommen korrekt. Es gibt keinen schöneren Anblick als einen fröhlichen, freundlichen Beardie, der mit wedelnder Rute seinen Menschen durch den Ring begleitet!

Eine große Gefahr liegt in diesem unsinnigen Bestreben, die Ruten hängend zu halten: Man bevorzugt unwillkürlich den unsicheren, ängstlicheren Hund, der seine Rute von selber einklemmt. Dabei kann er von der Anatomie her durchaus eine gräßliche Rute besitzen, sie wird aber nicht bemängelt, weil der Richter sie nicht beurteilen kann. Dafür wird ein Hund mit einem guten, aufgeschlossenen, selbstsicheren Wesen zurückgestellt, nur weil er die Rute ein wenig fröhlich trägt oder seinem Ringnachbarn nach guter alter Rüdensitte imponieren will!

Da erfahrungsgemäß die Sieger die Zucht maßgeblich beeinflussen, ist es durchaus wahrscheinlich, daß eine negative Auslese auf ängstliche Hunde hin getroffen wird. Durch perfektes Ringtraining bleiben offensichtliche Wesensmängel verborgen, man benutzt diese Sieger in der Zucht und wundert sich dann, warum manche Beardies zur Ängstlichkeit neigen!

Am Tag der Schau

Packen Sie schon am Vorabend der Schau die Tasche: Meldebestätigung, Ahnentafel, Impfpaß, evtl. weitere Gesundheitsdokumente, Bürste, Sprühflasche, Wasserflasche, Weißmittel, Futternapf, Hundefutter, Leckerbissen, Kette zum Festmachen, Ausstellungsleine, Hundedecke, Klappstühlchen. Bei schlechtem Wetter packen Sie reichlich Handtücher ein, denn es kann passieren, daß Sie vor dem Richten noch Bauch und Pfoten waschen müssen.

Sie sollten ca. zwei Stunden vor dem Richten auf dem Gelände sein, um in Ruhe Ring und Box zu suchen. Und noch etwas: Nehmen Sie einen Begleiter mit, damit der Hund nie unbeaufsichtigt bleibt.

Versuchen Sie trotz aller Aufregung eines ersten Ausstellungsbesuches ruhig und gelassen zu sein, um den Hund nicht nervös zu machen. Wenn er das Gefühl hat, daß Ausstellungen etwas Unangenehmes sind, weil Frauchen schnell ungehalten wird, wird er nie ein guter Ausstellungshund werden.

Die höchste Wertnote, die ein Hund erreichen kann, ist Vorzüglich 1, danach wird bis 4 plaziert. Weitere Wertnoten sind »Sehr gut«, »Gut« und »Genügend«.

Formwertnoten

In der Jüngstenklasse von 6 bis 9 Monaten:

vielversprechend	(vv)
versprechend	(vsp)
wenig versprechend	(wv)

In allen anderen Klassen:

vorzüglich	(v)
sehr gut	(sg)
gut	(g)
genügend	(ggd)
nicht genügend	(nggd)

Lassen Sie sich überraschen von dem, was der Richter über Ihren Hund zu sagen weiß, und nehmen Sie das Urteil dankend an. Wenn Ihr Hund nicht auf Anhieb einen der ersten Plätze einnimmt, kann das vielerlei Gründe haben. Niemals darf ein Mißerfolg auf einer Ausstellung das Verhältnis zwischen Herrn und Hund trüben.

Hat Ihnen das Ganze Spaß gemacht, sollten Sie es ruhig noch einmal auf einer anderen Schau unter einem anderen Richter versuchen.

Die wichtigsten Siegertitel, Abkürzungen und ihre Vergabebedingungen:

Deutscher Champion VDH (Dt.Ch.VDH):
4 Anwartschaften (Anw.Dt.Ch.VDH) von mindestens 2 CACIB-Zuchtschauen und 2 Spezialzuchtschauen. Zwischen der ersten und letzten Anwartschaft muß ein zeitlicher Mindestabstand von 12 Monaten liegen.

Deutscher Champion Club (Dt.Ch.Club):
Vergabebestimmungen erstellen die zuständigen deutschen Rassezuchtvereine.

Internationaler Champion FCI (Int.Ch.):
4 Anwartschaften (CACIB) unter 3 verschiedenen Richtern in wenigstens 3 verschiedenen Ländern, davon 1 x im Heimatland des Hundeeigentümers. Zwischen der 1. und der letzten Anwartschaft muß ein Zeitraum von mindestens 1 Jahr und 1 Tag liegen.

Nationaler Champion:
Vergabebestimmungen erstellen die nationalen Dachverbände (z.B. die Schweizer Kynologische Gesellschaft, der Raad van Beheer in den Niederlanden etc.).

Deutscher Bundessieger (Bsgr.):
Vergabe mit dem CACIB auf der Bundessiegerschau.

Deutscher Europasieger (Esgr.):
Vergabe mit dem CACIB auf der Europasiegerschau.

Europa-Champion FCI:
Vergabe mit dem CACIB auf der Europa-Champion Show.

Weltsieger (Wsgr.):
Vergabe mit dem CACIB auf der Welthundeausstellung.

Die Zucht des Beardie

Ein erfolgreicher
Ausstellungshund und
einflußreicher Ver-
erber: Ch. Davelalex
Willy Wumpkins.

Als stolzer Hündinnenbesitzer wird vielleicht irgendwann der Wunsch in Ihnen wach, Welpen aufzuziehen. Dieser Schritt kann allerdings nicht vorbehaltlos empfohlen werden, zumal – entgegen landläufiger Meinung – eine Hündin nicht geworfen haben *muß;* Hündinnen, die nie Welpen haben, sind genauso viel oder wenig krankheitsanfällig oder scheinträchtig wie oft gedeckte Zuchthündinnen.

Oft hört man, daß wesensschwache Hündinnen durch einen Wurf wesensfester werden. Das ist natürlich Unsinn, sie gibt die Wesensschwäche höchstens an ihre Kinder weiter. Ein angeborener Schutzinstinkt kann die Hündin während der Betreuung ihrer Welpen vorüberge-

hend wesensfester erscheinen lassen, doch einen dauerhaften Einfluß hat die Aufzucht von Welpen nicht.

Heute gibt es schon viel zu viele Hunde. Die Hundefeindlichkeit steigt allgemein, weil immer mehr Menschen Hunde halten, die besser die Finger von der Hundehaltung ließen. Ihr Interesse sollte es nicht sein, daß irgendwelche Menschen einen Hund spazierenführen.

Hundezucht ernsthaft betrieben ist teuer und aufwendig, allein schon, bis der Hund endlich zur Zucht zugelassen ist. Sie ist nur gerechtfertigt, wenn man zur Vervollkommnung der Rasse beitragen möchte. Unter diesem Aspekt kann die Hundezucht zu einem wundervollen Hobby werden.

Es macht unendlich viel Freude, die Welpen aufwachsen zu sehen, und kostet viele Tränen, wenn Tiere erkranken oder sterben.

Vorüber-legungen

Bevor Sie sich zu dem verantwortungsvollen Schritt der Zucht entschließen, sollten folgende Punkte geklärt sein: Leben Sie in einer Wohnung mit Zugang zum Garten? Haben Sie einen hellen, trockenen und leicht zu reinigenden Raum für die Aufzucht der Welpen, der möglichst einen Ausgang ins Freie hat? Ist Ihr Garten sicher eingezäunt? Welpen, die im Garten toben, lassen kaum etwas übrig von Blumenrabatten und Rasen.

Haben Sie die Zeit, sich ausgiebig mit den Welpen zu beschäftigen? Füttern und Reinigen sind nicht genug, um ein gutes Verhältnis zum Menschen und zur Umwelt aufzubauen. Welpen machen viel Lärm – denken Sie an Ihre Nachbarn.

Welpenaufzucht ist sehr teuer. Ehe die Einnahmen durch den Welpenverkauf auf dem Tisch liegen, müssen Sie Futter- und Tierarztrechnungen, die Kosten für die Formalitäten des Zuchtvereins (Ausstellung, Körung, HD-Untersuchung und -auswertung, Zuchtwartbesuche, Ahnentafeln, Fahrt zum Deckrüden und Deckgebühr etc.) begleichen. Wurmkuren und Impfungen sind auch nicht billig. Welpen brauchen eine erstklassige Ernährung.

Als Anfänger ohne Kundenstamm haben Sie möglicherweise Schwierigkeiten die Welpen zu verkaufen, und müssen viel Geld für Zeitungsanzeigen ausgeben. Sie müssen damit rechnen, daß ein oder zwei Welpen übrigbleiben. Sie fressen förmlich den scheinbaren Gewinn auf.

Rasch sind die putzigen Wollknäuel dem niedlichen Alter entwachsen und schwieriger zu verkaufen. Die Welpen müssen nicht nur erzogen und mit der Umwelt vertraut gemacht werden, denken Sie auch an den Lärm, Schmutz und Pflegeaufwand, ganz zu schweigen von den Futterkosten, die mehrere Hunde verursachen.

Überlegen Sie gut, ob Sie wirklich zu Ihrem Vergnügen Lebewesen in die Welt setzen wollen, für deren weiteres Schicksal Sie mitverantwortlich sind. Und letztlich kann ein Wurf das Leben Ihrer Hündin kosten.

Wenn Sie sich nach reiflicher Überlegung dazu entschlossen haben zu züchten, und wenn Ihre Hündin eine anerkannte Ahnentafel besitzt und Sie möchten, daß auch die Welpen Ahnentafeln bekommen, wenden Sie sich frühzeitig an den Zuchtverein, der Sie über die erforderlichen Formalitäten informiert.

Die Rüden-wahl

Die Auswahl des Deckrüden ist immer ein schwieriges Problem für den Züchter, denn er möchte natürlich den idealen Partner haben. Und wo gibt es den schon? Man muß die Vorzüge und Nachteile der Hündin kennen, um einen ausgleichenden Rüden zu wählen, der nicht ausgerechnet die Fehler der Hündin besitzt. Man sollte möglichst Nachzucht vom Rüden gesehen haben, aber der Anfängerzüchter hat zwangsläufig Schwierigkeiten, die Qualitäten zu erkennen und abzuwägen. Nicht jeder Rüdenbesitzer oder Züchter berät selbstlos und objektiv.

Am besten orientiert man sich beim Züchter der Hündin, wenn sie aus einer erfolgreichen Zucht stammt. Ansonsten hilft nur: möglichst viele Hunde auf Ausstellungen sehen, viel Literatur studieren und letztlich seinem Instinkt folgen. Nehmen Sie nur einen Rüden, der für Sie den idealen Bearded Collie verkörpert, der so aussieht, wie Sie es sich von Ihren Welpen wünschen. Er muß durch seine Persönlichkeit auffallen und ein sicheres, freundliches Wesen haben. Die Feinheiten des Standards lernt man erst mit Zeit und Erfahrung. Ein Trost: Auch der erfolgreichste Züchter mußte mal anfangen!

Da Hündinnen oft dazu neigen, zur gleichen Zeit heiß zu werden, sollten Sie sich beim Rüden Ihrer Wahl frühzeitig anmelden und sofort Bescheid geben, wenn die Hündin läufig geworden ist, um den Decktermin zu vereinbaren. Sollten Sie es sich kurzfristig anders überlegen, melden Sie sich in jedem Falle rechtzeitig ab.

Für die Rüdenbesitzer ist so ein Hündinnenbesuch oft mit großen Umständen verbunden, da sie meist Familie und Beruf haben und Hündinnen nicht immer gerade am Wochenende deckbereit sind. Ganz zu schweigen davon, daß der Rüde für Sie reserviert ist und anderen Hündinnenbesitzern möglicherweise abgesagt wurde.

Läufigkeit und Paarung

Normalerweise wird eine Hündin zweimal im Jahr läufig und kann frühestens im Alter von 15 Monaten zur Zucht herangezogen werden. Überlegen Sie, welche Hitze Sie benutzen wollen: Die Schönwetterzeit im Frühsommer ist ideal für Freilandzucht, doch müßten Sie den Käufern wahrscheinlich zugestehen, die Welpen nach dem Sommerurlaub abholen zu dürfen. Ein Winterwurf macht sehr viel mehr Arbeit und Schmutz, da die Welpen sich nur wenig im Freien aufhalten können.

Für den ersten Deckakt Ihrer Hündin sollten Sie sich in jedem Fall einen erfahrenen Deckrüden mit einem nicht minder erfahrenen Besitzer suchen, denn Erstlingshündinnen und Erstlingsrüden können schwierig sein. Vielgesuchte Deckrüden bedürfen vorheriger Reservierung. Schauen Sie sich deshalb rechtzeitig nach einem geeigneten Zuchtpartner um.

Überprüfen Sie die Impfungen Ihrer Hündin. Müssen sie aufgefrischt werden, sollte dies wenigstens 14 Tage vor dem erwarteten Läufigkeitstermin geschehen.

Achten Sie darauf, den ersten Tag der Hitze nicht zu verpassen. Eine im angenommenen Zeitraum tägliche Kontrolle der Scheide mit einem Papiertaschentuch zeigt Ihnen das Einsetzen der Läufigkeit an. Häufiges Lecken der Schamgegend und hellroter Ausfluß sind die Signale.

Lassen Sie die Hündin vom Tierarzt auf Herz und Nieren prüfen und anhand einer Scheidensekretprobe feststellen, ob sie sich mit Bakterien infiziert hat, die sich noch vor dem Decktermin bekämpfen lassen. Derartige Infektionen können den Wurf gefährden und kommen, ohne daß man es der Hündin anmerken könnte, sehr häufig vor.

Erhöhen Sie den Fleischanteil im Futter bis zum Decktag um 10 % und verringern Sie danach wieder auf die normale Portion. Benachrichtigen Sie den Rüdenbesitzer und vereinbaren Sie mit ihm den voraussichtlichen Decktermin.

Im Normalfall ist der 13. bis 14. Tag der Läufigkeit der richtige Zeitpunkt. Reibt man die Hündin an der Rutenwurzel, hebt sie ihr Hinterteil an und legt die Rute zur Seite. Die Scheide (Vulva) ist stark geschwollen, hat den Höhepunkt der Schwellung allerdings gerade überschritten und ist weich, die Blutung hat aufgehört und ist in einen fleischwasserfarbenen Ausfluß übergegangen (allerdings gibt es Hündinnen, die bis zum Ende der Hitze blutigen Ausfluß haben). Die Hündin müßte jetzt den Rüden annehmen.

Hat sie den Deckakt willig mitgemacht und wurde der Rüde kurz davor erst zur Zucht benutzt, reicht ein Deckakt aus. Ansonsten wäre es angebracht, nach 48 Stunden nachdecken zu lassen.

Nach erfolgtem Deckakt bezahlen Sie die vorher vereinbarte Deckgebühr. Jegliche weiteren Vereinbarungen legen Sie schriftlich fest. Als Quittung bekommen Sie den Deckschein ausgehändigt; ohne dieses Dokument bekommen die Welpen keine Ahnentafel.

Halten Sie die Hündin vor und nach dem Deckakt in sicherer Obhut, damit sie sich nicht von anderen Rüden decken läßt und sich womöglich bunte Mischlingshunde im Wurf finden. Selbstverständlich wird eine Hündin vor dem Deckakt nicht mit geruchsbindenden Mitteln behandelt, denn der Auserwählte darf nicht abgeschreckt werden.

Trächtigkeit

Die Tragzeit einer Hündin dauert im Schnitt 63 Tage. Geburten zwischen dem 56. und 65. Tag sind noch normal. Häufig ist es der 61. oder 63. Tag. In den ersten 3 bis 4 Wochen der Trächtigkeit sind keine sichtbaren Veränderungen an der Hündin festzustellen. Erfahrene Züchter und Tierärzte können zwischen der 3. und 4. Woche fühlen, ob die Hündin Welpen bekommt.

Behalten Sie die tägliche Routine bei wie bisher, besonders die Bewegung, denn die Hündin braucht für die Geburt starke Muskeln. Ab dem 35. Tag der Trächtigkeit nehmen Sie eine Wurmkur vor (Mittel vom Tierarzt geben lassen).

Ab der 4. Woche können sich die hinteren Zitzen röten und dicker werden, es kann sich ein zäher, eiklarer Ausfluß aus der Scheide zeigen. Erhöhen Sie ab der 5. Woche den Fleischanteil im Futter und geben Sie zusätzlich ein Mineralstoff-Vitamin-Präparat. Ab der 6. Woche wird die Hündin zusehends rundlich und behäbiger. Vermeiden Sie jetzt lange Spaziergänge und verteilen Sie das Futter auf mehrere kleine Mahlzeiten am Tag. Geben Sie so viel, wie die Hündin fressen möchte.

Etwa 2 Wochen vor dem Geburtstermin gewöhnt man die Hündin an die Wurfkiste. Stellen Sie sie dort auf, wo Sie sich aufhalten und die Hündin in den ersten 3 Wochen ständig im Auge haben. Die Kiste soll innen auswaschbar sein. Zur Erzielung des beliebten Höhleneffekts kann man eine Wolldecke über die Kiste hängen.

Als Unterlage empfehle ich Vetbed® oder ein gleichwertiges Produkt.

Das ist zwar teuer, aber ideal, da es nicht verknautscht und die Welpen nicht in Falten rutschen können, auf die sich die Hündin ahnungslos legt. Die Feuchtigkeit läuft durch das Vlies, die Welpen liegen stets trocken und warm, was für das Gedeihen der Kleinen überaus wichtig ist. Wenn Sie die Ausgabe scheuen, sorgen Sie für viele Bettücher. Schon Wochen vor der Geburt sollten Sie Zei-

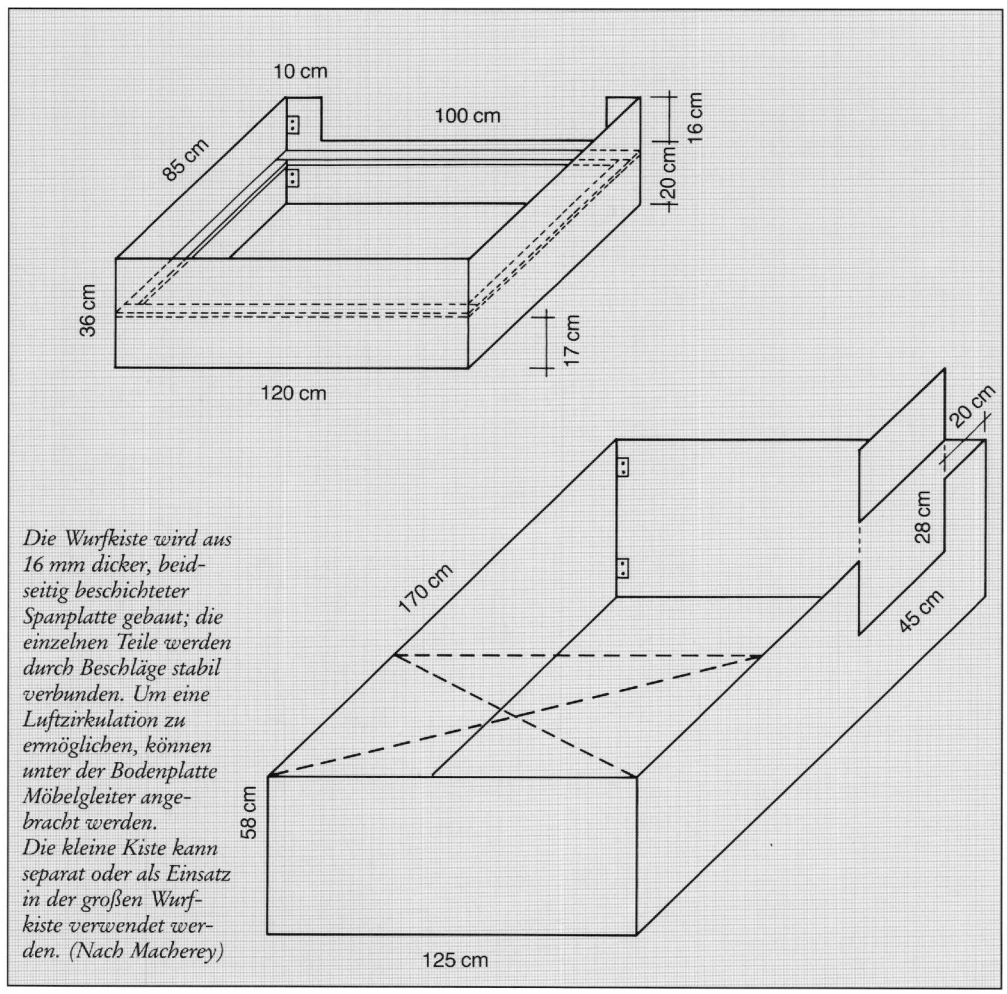

Die Wurfkiste wird aus 16 mm dicker, beidseitig beschichteter Spanplatte gebaut; die einzelnen Teile werden durch Beschläge stabil verbunden. Um eine Luftzirkulation zu ermöglichen, können unter der Bodenplatte Möbelgleiter angebracht werden.
Die kleine Kiste kann separat oder als Einsatz in der großen Wurfkiste verwendet werden. (Nach Macherey)

tungen sammeln (der Bedarf ist groß), die unter das Vetbed oder unter die Bettücher und auf den verbleibenden Kistenboden gelegt werden.

Hängen Sie über die offene Fläche der Kiste eine Infrarotwärmelampe, die während und nach der Geburt angeschaltet sein sollte, um die neugeborenen Welpen warmzuhalten. Die Lampe sollte so tief über den Kleinen hängen, daß man die Wärme bei flach auf den Boden gelegter Hand angenehm spürt. Für den Wurfraum genügt normale Zimmertemperatur. Zugluft ist auf jeden Fall zu vermeiden.

Die Geburt

Ab dem 53. Tag beobachten Sie die Hündin und messen täglich morgens und abends Temperatur. Die Normaltemperatur beträgt (mit Thermometer im After gemessen) 38° bis 38,5 °C. Sinkt die Temperatur um ca. 1° unter 37 °C und steigt wieder rapide an, ist in den nächsten 22 bis 24 Stunden mit der Geburt zu rechnen.

Aus praktischen und hygienischen Gründen sollten Sie das lange Haar, das nach einem Wurf meistens ohnehin ausfällt, an den Keulen und um die Scheide herum abschneiden, ebenso die langen »Federn« an den Bauchseiten. Es kam schon vor, daß sich Welpen im langen Haar der Mutter erhängten. Reinigen Sie die Zitzen mit etwas warmem Wasser.

Mögliche erste Anzeichen für die Geburt sind: Die Hündin wird unruhig, scharrt in ihrer Kiste, muß öfter die Blase entleeren und hechelt stark. Sie bekommt einen »in sich gekehrten« Gesichtsausdruck, scheint ihren Bauch zu beobachten und rührt kein Futter mehr an. Bleiben Sie jetzt in ihrer Nähe und dulden Sie keine Zuschauer. Die Hündin braucht Ruhe, will aber meist ihre Bezugsperson um sich haben. In jedem Fall ist die Anwesenheit des Besitzers erforderlich, um die Hündin zu beruhigen oder aufzumuntern und im Notfall eingreifen zu können.

Die Scheide schwillt an wie zur Hitze, der Bauch senkt sich deutlich ab. Die Eröffnungswehen zeigen sich in leichten wellenartigen Bewegungen über dem Leib. Die Hündin kann im Stehen, Sitzen oder Liegen werfen. Sie stemmt sich gegen die Kistenwand, macht den Buckel krumm und streckt die Rute in einem unnatürlichen Bogen ab.

Die Hündin preßt nun deutlich. Mit einem Stöhnen preßt sie den Welpen noch in seiner Fruchtblase heraus, an der Nabelschnur die Nachgeburt mit sich ziehend. Die Hündin beißt die Fruchtblase auf, die sie mit der Nachgeburt hastig verschlingt. Nachgeburten enthalten wertvolle Stoffe, lassen Sie ihr deshalb einige; bei einem großen Wurf können zu viele gefressene Nachgeburten zu Durchfall führen. Nun kaut die Hündin die Nabelschnur ab, dabei wirft sie den quiekenden Welpen hin und her. Erschrecken Sie nicht: Das muß so sein; sie fördert dadurch Atmung und Durchblutung. Jetzt leckt sie den Welpen trocken, der sich womöglich schon auf den Weg zur Zitze macht und sich festsaugt.

Bis zum nächsten Welpen kann es 20 Minuten bis 2 Stunden dauern. Achten Sie darauf, daß nach jedem Welpen, besonders dem letzten, die Nachgeburt kommt. Bleibt sie zu-

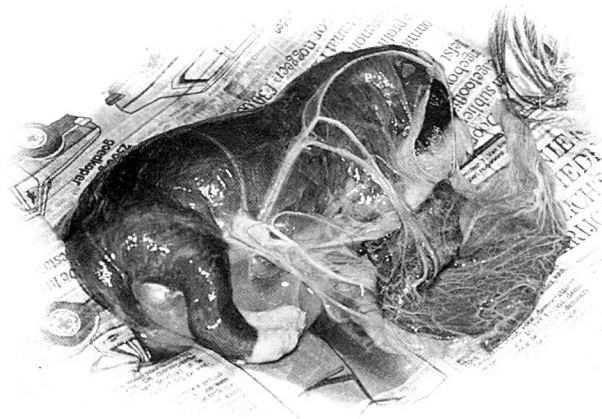

rück, kann sie zum Tode der Mutter führen. Daher muß der Tierarzt eine zurückgebliebene Nachgeburt so schnell wie möglich zutage fördern.

Auch wenn sich trotz Preßwehen nach zwei Stunden nichts tut, obwohl die Hündin offensichtlich noch Welpen hat, rufen Sie den Tierarzt. Vereinbaren Sie vorher mit ihm, ob er zur fraglichen Zeit zur Verfügung steht, um nicht im Notfall eine Vertretung suchen zu müssen!

Manche Hündinnen geraten bei ihrem ersten Welpen in Panik und wollen aus der Kiste springen. Beruhigen Sie sie, beim nächsten Welpen geht meist alles ganz normal. Weiß die Hündin mit dem Erstgeborenen nichts anzufangen und läßt es in der Fruchtblase liegen, reißen Sie diese rasch an der Nasenspitze des Welpen auf, damit er nicht im Fruchtwasser ertrinkt. Rubbeln Sie den Welpen mit einem Handtuch trocken, bis der erste kleine Schrei ertönt. Dies ist meist das Signal für die Hündin, die jetzt den Welpen fordert und alles weitere erledigt.

Tut sie es nicht, binden Sie die Nabelschnur mit einem abgekochten

Zwirn oder Zahnseide etwa $\frac{1}{2}$ cm vor der Bauchdecke fest ab und schneiden sie ca. 1 bis 2 cm dahinter durch. Legen Sie den Welpen an die Zitzen.

Erstreckt sich die Geburt über viele Stunden, reichen Sie der Hündin zwischendurch eine kräftige Fleischbrühe und frisches Wasser.

Im allgemeinen sind Beardie-Hündinnen unkomplizierte Mütter, doch es muß nicht immer alles glattgehen. Auf alle möglichen Komplikationen einzugehen, würde den Rahmen dieses Buches sprengen. Wenn 24 Stunden nach dem Temperaturabfall und -anstieg und nach offensichtlichen Vorwehen keine Eröffnungswehen erfolgt sind, rufen Sie den Tierarzt. Auch wenn sich nach dem 63. Tag nichts tut, suchen Sie seinen Rat. Es kann sein, daß ein Kaiserschnitt nötig wird. Bitten Sie für den ersten Wurf Ihrer Hündin am besten den Zuchtwart oder einen erfahrenen Züchter, Ihnen beizustehen.

Die junge Familie

Vorausgesetzt, es ist alles normal verlaufen, wird die Hündin ruhiger und beginnt sich zu reinigen. Entfernen Sie das Vlies und die verschmutzten Zeitungen, und betten Sie die Familie auf ein frisches um.

Unmittelbar nach der Geburt reichen Sie der Hündin eine kräftige ungesalzene Fleischbrühe oder warme Welpenmilch mit etwas Traubenzucker. Auch wenn sie nur ungern die Welpen verläßt, muß sie hinaus, um sich zu lösen. Waschen Sie anschlie-

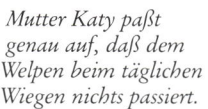

Die Wärmelampe lassen Sie noch einige Tage brennen, ist es ausgesprochen kühl, noch 2 bis 3 Wochen länger. Wiegen Sie die Welpen täglich zur selben Zeit auf einer Küchenwaage (2- oder 5 g Einteilung ist nützlich). Welpen können nach der Geburt etwas abnehmen, sie verdoppeln aber im allgemeinen in der ersten Lebenswoche ihr Geburtsgewicht.

Selbst wenn eine Hündin viele Welpen nähren kann, müssen Sie darauf achten, ob sie es schafft, alle zu putzen und ihnen die notwendige Bauchmassage zu verschaffen. »Vergessene« Welpen können sterben!

Achten Sie darauf, daß die Zitzen nicht hart werden und ein Milchstau entsteht. Am besten den Tierarzt befragen. Hilfreich ist es, sich sofort nach der Geburt Farbe und Zeichnung der Welpen zu notieren, damit man sie beim Wiegen, Wurmkur etc. unterscheiden kann.

In den ersten Tagen nach der Geburt reichen Sie der Hündin das Futter in mehreren kleineren Portionen am Tag, ziemlich dünnflüssig. Verläßt sie die Wurfkiste nur ungern, geben Sie ihr das Futter dort. Die Futter-

Eine Beardie-Mutter mit ihren drei Tage alten Welpen.

ßend das Hinterteil der Hündin; Ausfluß und dünner Stuhl sind in den nächsten Tagen normal.

Sind es mehr als sechs Welpen, füttern Sie die kräftigsten immer wieder zu (Hundemuttermilchersatz), damit die Zitzen frei bleiben für die kleineren Geschwister. Leckt die Hündin die zugefütterten Welpen nicht, müssen Sie die Bauchmassage zur Anregung der Darmtätigkeit übernehmen: Nach jeder Mahlzeit wird das Bäuchlein mit einem Tropfen Öl oder einem feuchten Wattebausch massiert.

Mutter Katy paßt genau auf, daß dem Welpen beim täglichen Wiegen nichts passiert.

menge beträgt jetzt das Dreifache der normalen Ration mit $2/3$ Fleisch und $1/3$ Getreidekost, dazu Kalzium- und Vitaminpräparate. Füttern Sie, soviel sie annimmt, denn sie muß in großen Mengen eiweißreiche und vitamin- und mineralhaltige Milch produzieren. Bei Kalziummangel kann es zur Eklampsie (Krampferscheinungen) kommen, die, wenn nicht unverzüglich behandelt, tödlich für die Hündin ausgeht.

Die Hündin braucht jetzt Ruhe; Besucher sollten noch ein paar Tage warten und Kinder sich ruhig verhalten, da manche Hündinnen kurz nach der Geburt aggressiv reagieren. Melden Sie dem Deckrüdenbesitzer und, entsprechend den Bestimmungen, Ihrem Zuchtverein den Wurf.

Welpen- sterben

Nichts ist für den Züchter tragischer als der Verlust von vielversprechenden Welpen aus einem gut geplanten Wurf. Leider gibt es auch heute neben angeborenen Defekten (z. B. Wolfsrachen, Herzmißbildungen, kein Anus), Schwer- und Fehlgeburten, Aufzuchtproblemen (keine Milch, gestörtes Brutpflegeverhalten) auch Infektionskrankheiten, die die Sterblichkeit in einem Zwinger oder von einer Hündin teilweise bis auf 100% ansteigen lassen können. Über 80% aller Todesfälle treten in den ersten drei Lebenswochen der Welpen auf.

Unter dem Begriff infektiöses Welpensterben (Fading Puppy Syndrome) versteht man alle Welpen-verluste durch ansteckende Erkrankungen in den ersten Lebenstagen. Welpen, die augenscheinlich gesund und kräftig geboren werden und die anfänglich vielleicht sogar noch saugen, fangen kläglich an zu wimmern, teilweise ist die Atmung erschwert, der Bauch aufgedunsen, sie wollen nicht mehr trinken und werden immer schwächer. Tritt die Erkrankung erst um die oder nach der zweiten Lebenswoche auf, kommt noch Durchfall hinzu. Je älter die erkrankten Welpen sind, um so größer sind die Chancen, daß wenigstens die kräftigsten des Wurfes überleben.

Die Ursachen für diese infektiöse Erkrankung sind Viren (z. B. Herpes, Parvo), Bakterien (z. B. E. coli, Staphylokokken, Streptokokken) und Parasiten (z. B. Ascariden, Toxoplasmose). Hinzu kommen noch unspezifische Infektionen, d. h. Krankheiten, die keinem speziellen Erreger zugeordnet werden können.

Bedingt durch die vielfältigen Ursachen für die Entstehung des infektiösen Welpensterbens, muß auch die Bekämpfung aus einer ganzen Reihe unterschiedlicher, einander unterstützender Maßnahmen bestehen. Wenn die Aufzucht- und Haltungsbedingungen optimal sind, die Hündin gegen die üblichen Infektionskrankheiten (SHLP) geimpft und vorsorglich behandelt wurde (z. B. Wurmkuren), kann der Tierarzt die Abwehrmechanismen der Welpen durch »Paramunitätsinducer« (Gammaglobulinpräparate) anregen. Wenn die Welpen nicht trinken, erhalten sie eine Elektrolytlösung mit Glukosezusatz und eventuell Antibiotika.

Leider sind die Überlebenschancen früh erkrankter Welpen sehr gering. Es ist auf jeden Fall empfeh-

Die Mutter fordert ihre fünf Wochen alten Kinder zum Spiel heraus.

lenswert, verstorbene Welpen sofort obduzieren zu lassen, um die Krankheitserreger möglicherweise eingrenzen und die restlichen Welpen des Wurfes retten zu können. Sind in vorherigen Würfen schon Welpen eingegangen, empfiehlt sich eine vorsorgliche Behandlung der Mutter und der Welpen durch Gammaglobuline.

Flaschen-
aufzucht

Bei verwaisten Welpen oder wenn die Mutterhündin keine Milch hat, muß der Züchter nach einer geeigneten Lösung suchen, um die Kleinen dennoch optimal zu versorgen. (Begehen Sie nicht den Fehler, schwache oder winzige Welpchen aufzupäppeln, wenn diese ansonsten nicht absolut gesund sind. Sie tun sich und der Rasse keinen Gefallen.) Nur selten steht eine geeignete Amme zur Verfügung. So bleibt dem Züchter meist nichts anderes übrig, als diese zeit-

raubende und ermüdende Arbeit selbst zu übernehmen. Ihm stehen zwei bewährte Methoden zur Verfügung: die Flaschenaufzucht und die Fütterung mit der Magensonde.

Beides hat seine Vor- und Nachteile: Bei der Flaschenaufzucht wird der natürliche Saugreflex der Welpen ausgenutzt und gefördert. Die Kleinen bekommen durch die zeitaufwendige Betreuung intensiven Kontakt mit dem Menschen, was für die spätere Entwicklung von großer Bedeutung ist. Wenn man viele Welpen versorgen muß, empfiehlt sich die zeitsparende Fütterung mit der Magensonde. Der Tierarzt oder ein erfahrener Züchter sollten Sie bei der Wahl der Methode beraten und Ihnen beide zeigen.

Neugeborenen Welpen, die keine Kolostralmilch erhalten haben, sollte man Gammaglobuline (siehe Kapitel Welpensterben) spritzen lassen. In den ersten 24 Stunden empfiehlt es sich, die Mahlzeiten aus einer Elektrolytlösung mit Glukosezusatz, deren Zusammensetzung am besten der Tierarzt bestimmt, herzustellen. Danach wechselt man zu Hundemilchersatzprodukten. Prüfen Sie die

Diese vier Wochen alten Welpen benutzen schon das mit Zeitungspapier ausgelegte »Toilettenabteil« ihrer Wurfkiste.

Temperatur der Milch auf Ihrem Handgelenk, bevor gefüttert wird. Sie sollte blutwarm, d. h. etwa 37°C warm sein. Niemals dürfen unterkühlte Welpen gefüttert werden!

Wieviel und wie oft (anfänglich alle zwei Stunden) die Welpen gefüttert werden, hängt von der Größe und dem Alter ab. Am besten hält man sich an die Anweisungen des Tierarztes und an die Angaben des Milchersatzherstellers.

Nach der Fütterung muß der Welpe, genau wie bei einer Muttermilchmahlzeit, zum »Bächlein machen« und Kot absetzen durch vorsichtiges Massieren des Bäuchleins stimuliert werden. Die tägliche Gewichtskontrolle ist auch bei Flaschenkindern angebracht.

Welpen- aufzucht

Nach neuesten Erkenntnissen ist es für die Entwicklung der Welpen vorteilhaft, wenn sie von den ersten Le-

bensstunden an Hautkontakt mit dem Menschen bekommen.

Nach 10 bis 14 Tagen öffnen die Welpen die Augen, ab der 3. Woche beginnen auch die anderen Sinnesorgane funktionsfähig zu werden. Wenn die Hündin die Exkremente der Welpen nicht mehr entfernt, ist die Zeit gekommen, die kleine Meute in den Welpenraum oder in den Zwinger umzuquartieren. Legen Sie die Laufflächen für die Welpen mit Zeitungen oder Wellpappe aus; dies ist nicht teuer, die Welpen rutschen nicht und können besser laufen. Sie brauchen jetzt mehr Bewegungsraum, dehnen ihre Erkundungsgänge immer weiter aus und spielen allerliebst miteinander.

Eine große Hilfe kann ein Sandkasten (evtl. auch Hobelspäne als Füllung) sein, den die Welpen rasch als Toilette erkennen und benutzen. Legen Sie unter eine dünne Sand- oder Späneschicht verschmutzte Zeitungen aus der Wurfkiste, um den Geruch vorzugeben. Ihm folgend, gewöhnen sich die Kleinen schnell daran, ihr Geschäftchen in den flachen Sandkasten zu machen, was die Sauberhaltung des Welpenraums enorm erleichtert. Mit 10 bis 14 Tagen erfolgt die erste Wurmkur nach Anweisung des Tierarztes, die in bestimmten Abständen wiederholt wird.

Die wichtigste Entwicklungsphase im Leben des Welpen ist die Zeit zwischen der 4. und 7. Woche; sie wird deshalb Prägungsphase genannt. Jetzt braucht der Welpe engen Körperkontakt mit Menschen und Ansprache; Füttern und Saubermachen genügen nicht. Wenn Sie einmal keine Zeit haben, bitten Sie Freunde und Bekannte, auch Kinder (unter Aufsicht), einige Stunden am Tag mit den Welpen zu spielen und zu schmusen. Bei trockenem Wetter dürfen die Welpen ins Freie. Zum Schlafen hereinholen, im Sommer für Schatten sorgen! Trockene Kälte schadet tobenden und spielenden Welpen nicht. Solange sie sich bewegen, dürfen sie zeitweise auch im Winter raus. Ziehen Sie Welpen nie auf glatten Böden groß. Das Rutschen schädigt sehr die Sehnen, Bänder und die noch weichen Knochen und Gelenke.

Ganz wichtig ist für die Entwicklung der Welpen, daß sie nicht isoliert aufwachsen, sondern so früh wie möglich verschiedene Umwelteinflüsse in ihrer Umgebung aus eigenem Antrieb erkunden können. Dazu gehören verschiedene Fußböden, Geräusche und Gerätschaften aller Art. Das kleine Gehirn muß Gelegenheit haben, sich auszubilden. Versäumt man das, bleibt ein Welpe u. U. ein Leben lang wenig lernfähig und verkraftet die Umwelt außerhalb seiner gewohnten Umgebung nicht.

Je nach Anzahl der Welpen und Milchleistung der Mutter sollten die Welpen im Alter von 4 bis 6 Wochen nur noch gelegentlich saugen. Die Mutter ist nur zu gern bereit, die Kinder mit den spitzen Zähnen und messerscharfen Krallen Ihrer weiteren Obhut zu überlassen. (Ab der ersten Woche schneiden Sie vorsichtig die Krallen der Welpen, um die Mutter zu schonen.)

Die Welpen bekommen nun schon kleine Mahlzeiten (bis zu fünf täg-

Jeder Welpe bekommt sein Hackfleischbällchen – Papa Boris sieht neidisch zu.

lich); z. B. kleingehacktes Rindfleisch mit Getreidekost in Breiform, angereichert mit Kalzium- und Vitaminpräparaten, abwechselnd mit Welpenaufzuchtmilch oder einem fertigen Welpenaufzuchtfutter. Tauchen Sie einen Finger in die Flüssigkeit und führen ihn ans Welpenmäulchen. Der Welpe lernt schnell zu schlecken.

Manche Hündinnen erbrechen vor den Welpen – die ursprüngliche Weise, Welpen von Muttermilch auf feste Kost umzugewöhnen.

Die Welpen sollten zügig in zehn Minuten so viel gefressen haben, wie sie brauchen. Keinesfalls dürfen sie überfüttert werden. Lieber häufiger geringe Mengen als einmal eine Riesenportion, da der Magen klein und nicht darauf eingestellt ist.

Bevorzugen Sie, die Welpen von klein auf an Fertigfutter zu gewöhnen, können Sie jetzt schon Fertigvollnahrung in Flockenform oder Welpenkost abwechselnd mit gehacktem Fleisch und Welpenaufzuchtmilch geben. In diesem Fall aber keine Kalzium- und Vitaminpräparate mehr hinzufügen, denn Fertigfutter und Welpenaufzuchtmilch liefern diese in ausreichender Menge. Zusätzliche Gaben können der Entwicklung eher schaden.

Ab der 6. Woche brauchen die Welpen die Mutter nicht mehr zum Säugen. Die Milchbildung läßt von selbst nach. Ist die Hündin dünn und ausgemergelt, stellen Sie das Futter auf $\frac{1}{3}$ Fleisch und $\frac{2}{3}$ Getreidekost um bzw. lassen zusätzliche Fleischgaben beim Fertigfutter weg, ebenso die zusätzlichen Kalk- und Vitaminbeigaben.

Die Hündin sollte immer freien Zugang zu den Welpen haben, um mit ihnen zu spielen und sie zu erziehen, sie muß sich aber auch zurückziehen können; richten Sie ihr eine erhöhte Liegestatt ein, die die Welpen nicht erreichen können. Nach ca. 8 Wochen sollte die Mutter in ihr gewohntes Leben zurückgekehrt sein.

Hündinnen haaren nach einem Wurf meist total ab und sehen noch einige Zeit zerrupft und unansehnlich aus. Es kann Monate dauern, bis die Hündin wieder in Ausstellungskondition ist.

Der Welpen-test

Er wurde von Jan de Wit für Bearded-Collie-Züchter unter Zugrundelegung eigener Forschungsarbeiten sowie der Tests von Campbell/Frijlink und Pfaffenberger entwickelt.

Der Wunsch vieler Rassehundezüchter ist es, ihre Zuchtprodukte als Champions bestätigt zu sehen. Aber Champions werden auf Ausstellungen gemacht. Der Anteil der auf Ausstellungen vorgeführten Hunde beträgt in Holland nicht einmal ein halbes Prozent. Die meisten Hundebesitzer stellen vielmehr Ansprüche im täglichen Umgang mit ihrem Hund, wobei das Verhalten, das Wesen vorrangig ist. Der Züchter hat in erster Linie dafür zu sorgen, körperlich und geistig gesunde Hunde zu verkaufen.

Wissenschaftliche Untersuchungen bewiesen, daß menschlicher Einfluß vom ersten Moment der Geburt an im späteren Leben spürbar ist. Mit anderen Worten: Der Züchter ist verantwortlich für das Verhalten der Welpen, bis diese mit 8 Wochen zum neuen Besitzer kommen. Der Züchter sollte zunächst durch bewußte Elternwahl eventuelle erbliche Einflüsse (z. B. Ängstlichkeit, Agressivität etc.) vermindern. Als zweites sollte er den Welpen eine optimale Entwicklung ihres Grundverhaltens ermöglichen, damit der neue Besitzer ohne viel Mühe den eingeschlagenen Weg weiter verfolgen kann.

Bis vor kurzem nahm man an, daß ein Welpe erst kurz nach Öffnen der Augen und Ohren im Alter von ca. 2 Wochen Eindrücke aufnehmen kann und ein Züchter nun noch etwa 5 Wochen Zeit hat, um etwas am Verhalten zu tun. War er weniger gewissenhaft, ließ er es ganz dabei bewenden, mit der Begründung: »Wahrscheinlich kommt der Welpe doch in eine andere Umgebung als die, in der er aufgewachsen ist.«

Durch sorgfältige wissenschaftliche Untersuchungen in der Vergangenheit und durch falschen Gebrauch verschiedener Begriffe ist eine enorme Sprachverwirrung entstanden. Das größte Mißverständnis war wohl, daß man den Hund nicht als »Nasentier« sah, das die Umgebung vor allem durch Nutzen des Geruchssinns bestimmt. Wichtig ist, ab wann dieser Geruchssinn in Aktion tritt. Jeder, der einen Wurf aufgezogen hat, weiß, daß der Welpe schon bei Geburt riechen kann. Wie sollte er sonst seine Mutter finden? Andere Erklärungen wie Wärme, Zufall usw. müssen verworfen werden. Direkt nach der Geburt kann der Welpe also Geruchseindrücke aufnehmen – wenn kein Fruchtwasser in der Nase ist. Unsere Untersuchungen ergaben, daß dieser Geruchseindruck unmittelbar nach der

Testteil 1: Kommen.

*Testteil 2: Zwangs-
haltung.*

Testteil 3: Nachlaufen.

Geburt so stark ist, daß er nach 5 bis 7 Wochen noch erkennbar ist, obwohl der Welpe mit diesem Geruch seit seiner Geburt nicht mehr in Berührung kam. Einen derartig starken Einfluß von einem einmaligen Erlebnis nennen wir Prägung.

In der Natur dient die Prägung dazu, daß das Junge seine Eltern/Versorger erkennt und zu welcher Tierart es gehört. Prägung auf mehrere Dinge ist möglich, deshalb ist es wichtig, daß ein Züchter bei der Geburt anwesend ist, so daß die Welpen auch auf den Menschen geprägt werden. Wenn das

nicht kurz nach der Geburt passiert, kann es danach nicht mehr geschehen. Wenn diese Prägung fehlt, sind die Auswirkungen deutlich: Hunde, die Menschen gegenüber ängstlich sind, entweder flüchten oder erstarren.

Direkt nach der Prägung folgt die sog. »konsolidierende Lernperiode«. Dies ist eine echte Lernphase, wobei sich positive Milieueinflüsse stimulierend auswirken. Durch das Aufnehmen und Streicheln eines Welpen (die Mutter leckt und gibt Milch) festigen wir die Prägung und bringen so schon eine Gewohnheit bei. Wir merken z. B., daß ein Welpe nach einiger Zeit ruhig auf einer Waagschale liegenbleibt. Die Welpen erkennen uns schon, obwohl Augen und Ohren noch geschlossen sind! Je besser diese erste Periode abläuft, um so ausgeglichener ist das spätere Verhalten.

Die zweite große Verhaltensentwicklung ist die »Sozialisierung«, das Lernen von Spiel und Spielregeln und dem Umgang mit Hunden und Menschen. Dies bemerkt man schon kurz nach der Geburt: Ein Welpe verdrängt einen anderen, um eine »bessere« Zitze zu bekommen, das »Übereinanderliegen« usw. Als Mensch können wir auch das eine oder andere tun, z. B. das tägliche Wiegen. Dies gehört schon zur Sozialisierung in der ersten Woche. Durch Belohnung des gewünschten Verhaltens sorgen wir dafür, daß der Welpe dieses Verhalten wiederholt.

Die natürliche Entwicklung bei Wölfen zeigt uns, was wir weiter tun müßten. Dadurch, daß wir den Welpen immer größere Spielräume geben, gewöhnen sie sich an neue Einflüsse: Geräusche, optische Eindrükke und vor allem Gerüche. Wenn die Hündin ein normales Verhalten bei

Testteil 4: Streicheln.

Testteil 5: Hochheben.

der Aufsicht über die Welpen zeigt, können wir im späteren Stadium sehr viel von ihr lernen. Wir sehen, wieviel Geduld sie hat, aber auch, in welchen Situationen sie meint, eingreifen zu müssen. Hierbei fügt sie dem Welpen keine Schmerzen zu, sondern sie erschreckt ihn. Unsere eventuell eingreifende Korrektur sollte deshalb in gleicher Weise erfolgen.

Wenn Sie einen ca. 7 Wochen alten Welpen bei unerwünschtem Verhalten erschrecken oder ihn einen Moment lang unter Zwang auf den Rücken legen, bieten Sie ihm anschließend sofort ein Spiel oder eine Alternative an, damit der Welpe das gewünschte Verhalten zeigen kann. Dieses wird dann besonders belohnt. Ohne Belohnung oder bei zu heftigem Erschrecken kann der Welpe ängstlich werden. Also Vorsicht!

Wenn die Welpen 6 bis 7 Wochen alt sind, kann man auf einfache Weise testen, wie gut die verschiedenen Phasen der Verhaltensentwicklung bis dahin verlaufen sind. Nun erschrickt man vielleicht vor dem Wort »Test«, weil man dem selbst argwöhnisch gegenübersteht. Wenn er richtig durchgeführt wird, entsteht dem Welpen dabei aber kein Schaden. Ein Test ist natürlich immer eine Momentaufnahme, doch ein erfahrener Tester und Auswerter kann sie objektiv beurteilen. Mitleid mit dem »süßen Wollpaket«, das hoffentlich gute Einvernehmen mit dem Züchter, kurzum alle subjektiven Einflüsse müssen beiseite geschoben werden, so daß allein das wahrnehmbare Verhalten betrachtet wird.

Es werden die Ergebnisse von Prägung und Sozialisierung unterschieden, denn es ist sehr gut möglich, daß ein Züchter bei der Geburt anwesend war (Prägung), aber später wenig Kontakt mit den Welpen hatte, wodurch die Sozialisierung nicht gut erfolgt ist. Weiterhin prüft man die körperliche »Härte«. Dadurch gewinnt man einen Eindruck, ob der Welpe schwerer oder leichter zu erziehen ist. Einmal bietet der Test dem zukünftigen Besitzer die Möglichkeit zu sehen, ob der Züchter dem Wurf wirklich die nötige Zeit und Aufmerksamkeit gewidmet hat, er hilft aber auch dem Züchter, den richtigen Welpen für den richtigen Menschen auszusuchen.

Testteil 6: Kneifen.

Testteil 7: Apportieren.

Geduld. Genausogut kann der Welpenkäufer Verhaltensweisen, die der Züchter bewußt gefördert hat, durch Anlernen allerlei unerwünschter Verhaltensweisen wieder zunichte machen. Wenn daraus keine Probleme entstehen, ist es gut. Aber wenn welche auftauchen, ist es von großem Vorteil, wenn Welpe, Züchter und Besitzer regelmäßig Kontakt pflegen und zusammenarbeiten.

Durch das Testen von 6 bis 7 Wochen alten Welpen bekommt man ein ziemlich klares Bild von angeborenen und bis dahin angelernten Verhaltensweisen. Damit – und das ist das Wichtigste – bekommt man einen Leitfaden, wie man zukünftig unerwünschtes Verhalten vermeiden kann.

Der Test

Bei diesem Test wird der Wunsch der zukünftigen Käufer nach einem Familienhund zugrundegelegt. Der Test wird am besten im Alter von 6 bis 7 Wochen durch einen Tester abgenommen, der den Welpen nicht bekannt ist, um so ein besseres Bild von der Prägung zu bekommen. Der Testort sollte frei von konzentrationsstörenden Einflüssen sein.

Bei der Testplanung sollte man die Impfung der Welpen und mögliche Infektionsgefahren berücksichtigen. Es ist darum nicht ratsam, daß ein Tester mehrere Würfe innerhalb einer kurzen Zeitspanne abnimmt.

Um eine klare Diagnose zu stellen, ist es nicht ratsam, den Test mehrmals vorzunehmen. Lernverhalten und Gewohnheit würden das Bild dann positiv verfälschen. Selbstverständlich kommt ein solches »Training«

Ein Nachteil von Tests ist, daß viele Menschen vergessen, daß es eben nur eine Momentaufnahme ist und kein Etikett, das man dem Welpen einfach aufkleben kann. Man muß dem Käufer mit viel Erfahrung und Einfühlungsvermögen den Sinn erklären.

Der Vorteil der Sozialisierung ist, daß es sich um eine Lernperiode handelt, und Dinge, die noch nicht oder falsch angelernt wurden, noch korrigiert werden können. Außerdem hört diese Phase nicht mit 16 Wochen auf, wie oft angenommen wird. Auch im späteren Leben können noch Dinge angewöhnt oder erlernt werden, man braucht dann nur viel mehr Zeit und

Der Welpentest

1) **Kommen**
   Testen des Annäherungsverhaltens als
   ein Teil der Prägung.
   Tester lockt Welpen an.

   4 kommt direkt, springt hoch, knabbert, leckt
   3 kommt direkt, gibt Pfote
   2 kommt geradewegs, aber gleichgültig, gelassen
   1 kommt nicht direkt, erkundet die Umgebung
   0 kommt nicht, kriecht weg, erstarrt

2) **Zwangshaltung**
   Testen der Unterwürfigkeit als Teil der
   Sozialisierung.
   Der Welpe wird mit einer Hand über der
   Brust auf dem Rücken liegend an der
   Bewegung gehindert und festgehalten.

   4 kein Widerstand, entspannt, leckt evtl.
   3 wehrt sich etwas, ruhig, entspannt
   2 wehrt sich anhaltend, strampelt, angespannt
   1 wehrt sich anhaltend, knurrt, beißt
   0 erstarrt, klemmt Rute zwischen die Beine

3) **Nachlaufen**
   Teil der Prägung.
   Tester läuft vor dem Welpen her,
   Lockrufe sind erlaubt.

   4 folgt sofort, springt, knabbert, leckt
   3 folgt sofort, fröhlich wedelnd
   2 folgt zögernd, gleichgültig, gelassen
   1 folgt nicht, erkundet selbst die Umgebung
   0 folgt nicht, kriecht weg, erstarrt

4) **Streicheln**
   »Vereinnahmen« als Teil der Prägung.
   Sitzender oder stehender Welpe
   wird über den Kopf und Körper
   gestreichelt.

   4 springt auf, knabbert, leckt, spielt
   3 gibt Pfote, positiv aktiv
   2 übergeht es gleichgültig, gelassen
   1 passiv oder entzieht sich, knurrt oder beißt
   0 erstarrt

5) **Hochheben**
   Testen einer Zwangshaltung als Teil der
   Sozialisierung.
   Welpe wird mit beiden Händen unter
   dem Bauch etwas hochgehoben.

   4 kein Widerstand, entspannt, leckt evtl.
   3 wehrt sich etwas, ruhig, entspannt
   2 wehrt sich anhaltend, strampelt, gespannt
   1 wehrt sich anhaltend, knurrt, beißt
   0 erstarrt

6) **Kneifen**
   Test der physischen Härte (Korrektur-
   schwelle und Erziehungsmöglichkeit).
   In Flankennähe wird der Welpe ins Fell
   gekniffen.

   4 reagiert deutlich unterworfen, entspannt
   3 reagiert nicht deutlich unterworfen
   2 übergeht es gelassen, reagiert kaum
   1 reagiert überhaupt nicht, knurrt, beißt
   0 schreit furchtbar oder erstarrt

7) **Apportieren**
   Testen der Arbeitsbereitschaft (Training).
   Ein Ball wird sichtbar weggerollt.

   4 läuft nach, nimmt ihn (apportiert)
   3 läuft hinterher
   2 reagiert zögernd, gleichgültig
   1 reagiert gar nicht, sieht aber den Ball
   0 erstarrt

dem gewünschten »Familienhund« in der Sozialisierung zugute.

Bemerkungen zum Test: Spielerisches Knabbern darf nicht als aggressives Beißen ausgelegt werden; Beißen und Knurren jedoch als aggressiv-dominant. Bei den einzelnen Teststufen sollte eine Dauer von mindestens 30 Sek. eingehalten werden. Teil 6 und 7 sind von PFAFFENBERGER (1979). Man kann diese Testteile durch Geräusch- und Schreckeffekte erweitern.

Auswertung des Tests

Die Testteile müssen gesondert gewertet werden. Das Ergebnis ist mehr als die Summe der einzelnen Testergebnisse. Es ist daher nicht sinnvoll, einen Welpen mit der Gesamtpunktzahl zu charakterisieren. Aber es ist möglich, folgende Gruppen zu bewerten:
1 + 3 + 4
sind der Prägetest,
2 + 5
sind der Sozialisierungstest,
6 + 7
müssen gesondert gewertet werden, weil beide mehr über die genetisch bestimmten Anlagen bzw. über Härte/Empfindsamkeit und vorhandene/keine Arbeitsbereitschaft aussagen. Das Apportieren kann schon in sehr frühem Alter erlernt werden.

Ergebnis anhand der durchschnittlichen Punktzahl:
4 = gut geprägter und sozialisierter Welpe. Er ist begeistert und weiß, was unterwürfig ist.
3 = geprägter und recht gut sozialisierter Welpe, bei etwas Nachdruck zeigt er Unterwürfigkeit.

2 = mäßig sozialisierter Welpe, er reagiert ziemlich gleichgültig, hat wenig Kontakt, kann sich dominant entwickeln, wenn die richtige Erziehung fehlt.
1 = dominanter Welpe, der immer selbst die Regeln bestimmt, schlecht sozialisiert.
0 = ängstlicher Welpe, wahrscheinlich nicht auf Menschen geprägt, schlecht sozialisiert.

Anmerkung: Unterwürfig darf nicht mit ängstlich verwechselt werden. Unterwürfigkeit einer überlegenen Person gegenüber ist normal. Auch wenn manchem Welpenkäufer ein dominanter Welpe imponieren mag, so muß er doch gut abwägen, ob er wirklich einen Hund in seiner Familie gebrauchen kann, mit dessen Verhalten er sich entsprechend auseinandersetzen muß, um einen angenehmen Familienhund zu bekommen. Hierzu gehört viel Sachverstand in Hundeverhalten und Erziehung. Wer bisher keine Erfahrung mit Hunden hatte, sollte sich nicht überschätzen. Auch werden Familien mit Kleinkindern besser mit einem Welpen der Kategorie 4 oder 3 fahren!

Impfungen und Formalitäten

In der 5. Woche vereinbaren Sie für die Impfungen einen Termin mit dem Tierarzt, denn Sie dürfen nur geimpfte und entwurmte Welpen verkaufen. Die erforderlichen Nachimpfungen läßt der neue Besitzer auf seine Kosten vornehmen.

Inzwischen hat der Zuchtwart die Welpen zur Eintragung ins Zuchtbuch gemeldet und die Tätowierung veranlaßt.

Abgabe der Welpen

Schon wenn die Welpen sechs Wochen alt sind, sollten Sie in den Tageszeitungen Ihrer Umgebung Anzeigen in der Rubrik »Tiermarkt« aufgeben. Melden Sie den Wurf der Welpenvermittlungsstelle des Clubs, damit man Ihnen Interessenten vermitteln kann.

Der Kreis hat sich geschlossen – prüfen Sie die Kaufinteressenten, ob sie sich für einen Bearded Collie eignen, informieren Sie über Pflege und Unterhaltskosten. Schließlich soll Ihr liebevoll aufgezogener Welpe einmal ein glückliches Hundeleben führen und nicht von Hand zu Hand wandern, um letztlich vor der Tür eines Tierheims zu landen. Man schaut in die Menschen nicht hinein und kann sich immer täuschen, aber man sollte einen Welpen nie leichtfertig mitgeben, wenn nur das Geld auf dem Tisch liegt. Denn dafür haben Sie sich die Arbeit hoffentlich nicht gemacht, die riesige Verantwortung auf sich genommen, Leben in die Welt zu setzen. Sie haben Freude an Ihrem Hund; Freude, die Sie mit anderen Menschen teilen möchten; Freude am Wachsen und Gedeihen der kleinen Hundefamilie, die auch nach Ihrer fürsorglichen Aufzucht ein glückliches Hundeleben führen soll.

Beardies lieben die Geselligkeit.

Anhang

Literatur

BECK: Das Beste für meinen Hund. Stuttgart 1995.

BEWICK: A General History of British Quadrupeds. Newcastle upon Tyne 1807.

BREHM: Hundekrankheiten. Stuttgart 1995.

COLLIE: All About the Bearded Collie. London 1979.

COMBE: Herding Dogs. London 1987.

COMBE: Shepherds, Sheep and Sheepdogs. Clapham 1983.

DENIS: Die Haarfarben des Hundes. Wien 1990.

FEDDERSEN-PETERSEN: Hundepsychologie. Stuttgart 1992.

FOX: Understanding your Dog. New York 1977.

GRAY: The Dogs of Scotland. Edinburgh 1891.

HANCOCK: Old Working Dogs. Aylesbury 1984.

HEGER: Hundehaltung. Stuttgart 1991.

HUBBARD: Working Dogs of the World. London 1947.

HUTCHINSON: Dog Encyclopedia. London 1936.

JESSE: Anecdotes of Dogs. London 1846.

KEJCZ: So sag ich's meinem Hund. Stuttgart 1992.

KEJCZ: Unser Hund wird alt. Stuttgart 1994.

KRÄMER: Kosmos Hundeführer. Stuttgart 1995.

KRÄMER/KOTULLA: Bearded Collie Handbuch 1987. Troisdorf.

KRÄMER/KOTULLA: Bearded Collie Handbuch 1988/1989. Troisdorf.

LEE: Collies and Sheepdogs in their British Varieties. London 1890.

LEIGHTON: Cassell's New Book of the Dog. London 1907.

MECH: Der Weiße Wolf. München 1990.

MOORHOUSE: Talking About Beardies. Hereford, England 1990.

RÄBER: Brevier neuzeitlicher Hundezucht. Bern 1978.

RAKOW: Der homöopathische Hundedoktor. Stuttgart 1992.

RIESEBERG: Beardie Basics. USA 1978.

ROSS/McKINNEY: Hunde verstehen und richtig erziehen. Stuttgart 1994.

ROSS/McKINNEY: Welpenkindergarten. Stuttgart 1997.

SCHNABEL: Unser Hund wird gut erzogen. Stuttgart 1992.

SCHULTE-WÖRMANN: Mit Hund und Pferd unterwegs. Stuttgart 1996.

SHAW: The Illustrated Book of the Dog. London 1879.

STEEL: Scotland's Story. London 1985.

STEIN: Bach-Blüten für Hunde. Stuttgart 1997.

STEWART: Crofts and Crofting. Edinburgh 1980.

THOMSON: Isolation Shepherds. Inverness 1983.

TOULSON: The Drovers. Aylesbury 1988.

TRUMLER: Hunde ernst genommen. München 1981.

TRUMLER: Ein Hund wird geboren. München 1982.

TRUMLER: Mit dem Hund auf Du. München 1983.

WALKOWICZ: The Bearded Collie. Fairfax 1987.

WIESNER/WILLER: Lexikon der Genetik der Hundekrankheiten. Leipzig 1983.

WILLISON: The Bearded Collie. Foyles, London 1971.

Nützliche Adressen

Club für Britische Hütehunde e. V.
Zuchtbuchstelle: Vera Bücker
Beckumer Str. 30
D-59302 Oelde
Tel./Fax. 0 25 22/6 35 96

Österr. Club für Britische Hütehunde
Präsidentin und Geschäftsstelle:
Margit Brenner
Donaufelder Str. 215
A-1220 Wien
Tel./Fax: 01/2 03 47 62

Schweizerischer Bearded Collie-Club
Präsidentin: Barbara Müller
Altlandenbergstr. 23
CH-8494 Bauma
Tel. 052/3 86 12 21

Verband für das Deutsche Hundewesen e. V.
Westfalendamm 174
D-44141 Dortmund
Tel. 02 31/5 65 00-0
Fax 02 31/59 24 40

Deutscher Hundesportverband e. V.
dhv
Geschäftsstelle
Gustav-Sybrecht-Str. 42
D-44536 Lünen
Tel. 02 31/8 79 49
Fax 02 31/8 77 08 13

Bundesverband für das Rettungshundewesen e. V.
Fliederstraße 5
D-67112 Mutterstadt
Tel. 0 62 34/17 08 u. 06 21/8 64 51
Fax 0 62 34/17 04 u. 06 21/85 19 50

Österreichischer Kynologenverband (ÖKV)
Johann-Teufel-Gasse 8
A-1238 Wien
Tel. 01/8 88 70 92
Fax 01/8 89 26 21

Schweizerische Kynologische Gesellschaft (SKG)
Postfach 82 17
CH-3001 Bern
Tel. 0 31/3 01 58 19
Fax 0 31/3 02 02 15

Bildnachweis

Die Fotos stammen, wenn nicht anders angegeben, von der Autorin. Die **fettgedruckten Ziffern** weisen auf die Seitenzahlen hin. (o = oben, u = unten, m = Mitte)

Umschlagvorderseite: Von links: Eyecatching Lucy The Nobility und Easy Expression The Nobility, Welpen: Good Looking Gwendy The Nobility, Great Gatsby The Nobility, Glamour Gladys The Nobility.

Umschlagrückseite: Welpen im Körbchen von links: Grey Gideon The Nobility, Granny's Gipsy The Nobility, Great Gatsby The Nobility; Portrait: Akooshla Lady Lavinia; Standfoto: Clesek Helford Harry; Breitensport: Trine's Andy.

Vorsatz: Von links: Mitchell's Unique (blau), His-N-Hers Bearded Bella Donna (schwarz), Hisako Golden Lady (braun), Ch. Calston Crystal Charme (schwarz), Ch. Davealex Willy Wumpkins (braun), Annabelle vom kleinen Hobbit (fawn), His-N-Hers Bearded Supertramp (schwarz), Mitchell's Ragamuffin (schwarz), Davealex Blue Wonder (blau); die Welpen: His-N-Hers Bearded Cheerleader und Bearded Call Me Heaven.
Frontispiz: Links Ferry's Brandnew Experience, rechts Ferry's Cash as Can.

10: Bobtailrüde Zottel's Eagle Has Landed, Bearded Collie Hündin Int. Ch., VDH-Ch. Lucky Number's Ebony Kiss Me Kate.
12: Gilbert vom Wubbel Strubbel.

13: Old English Sheepdog von Reinagle (Sammlung de Wit).
14: Postkarte von Anfang des 20. Jh. (Sammlung Dr. Jarnut).
17: Int. Ch., Dt. Ch., VDH-Sieger, Bsgr. Bonnie v. d. Glücksalm.
18: Scotch Colly aus Jesse, Anecdotes of the Dog (Sammlung Matenaar).
19 o: »Jock« aus Maxtee, The Collie (Sammlung Krämer).
19 m: »Ellwyn Garrie« aus New Book of the Dog (Sammlung Krämer).
19 u: »Ben« aus New Book of the Dog (Sammlung Krämer).
23: Mrs. Willison mit Ch. Beauty Queen of Bothkennar (Foto: Ryslip Press; Sammlung Dr. Jarnut).
24: Ch. Potterdale Classic of Moonhill (Foto: Sally Anne Thompson).
25: Bearded Collies im Zwinger vom Michaelis-Turm mit ihrer Züchterin (Foto: Altmann).
26 o: Ch. Wishanger Cairnbhan (Foto: Cooke; Sammlung Dr. Jarnut).
26 u: Cannamoor Glen Canach and Cannamoor Carn Doonagh; zur Verfügung gestellt von Mrs. Wheeler, Cannamoor Bearded Collies.
27 o: Cannamoor Blue Midge (Foto: Altmann).
27 u: Ch. Benjie of Bothkennar, Ch. Bravo of Bothkennar, Ch. Bronze Penny of Bothkennar (Foto: Sally Anne Thompson).
28: Von links: VDH-Ch., Dt. Ch., Int. Ch., Vizeweltsieger, SchHI, II, III, IPOI Birchwood What the Dikkens und VDH-Ch., Int. Ch., Weltjugendsiegerin, SchHI, II Sunbree Special Moment of Pahari (Foto: Pera).
29: Quinbury Stormdrifter at Runival CDex.
30: Ferry's Brandnew Experience und Ferry's Cash as Can.
31: Prinz-Blue vom Michaelis-Turm, Int. Ch., Welt- und Europasieger.

42: Dreifarbige Welpen aus der Zucht Ferry's.

43: Von links: His-N-Hers Bearded Supertramp, Davealex Blue Wonder, Ch. Davealex Willy Wumpkins, Annabelle vom Kleinen Hobbit.

53, 54: Ch. Blumberg Diotima Steel mit dem kleinen Sohn der Besitzer.

58: Welpen aus dem B-Wurf der Zucht Ferry's.

63: Gilbert vom Wubbel-Strubbel (Foto: Beatrix Kotulla).

65: Eyecatching Lucy The Nobility and Easy Expression The Nobility mit Welpe aus dem G-Wurf Nobility.

67: Ferry's Cash as Can.

69: Ferry's Brandnew Experience.

71: Ferry's Brandnew Experience.

87, 88: Welpe aus dem G-Wurf The Nobility.

89: Ferry's Brandnew Experience.

90, 91, 93, 94, 97: Int. Ch., Dt. Ch., VDH-Ch., Europasieger, Österr. Ch., Österr. Bsgr., Bdjsgr., Europajsgr., Deutscher Jugendchampion Beach Boy The Nobility.

92 u: Ferry's Cash as Can.

98: Hinten sitzend von links: Shock-Heads Artful Abigale, Alissa v. Kleinen Hobbit, DJCh., Bjsgr. Easy Expression The Nobility, VDH-Ch., DJCh., Europajsgr. Cirby German Star of Pribardom, Int. Ch. etc. Beach Boy The Nobility, Shock-Heads Blue Babeluba, DJCh. Shock-Heads Alissa Brown; vorne liegend von links: Bdsgr., Dt. Ch., VDH-Ch., DJCh. Elvis Eagle The Nobility, Eyecatching Lucy the Nobility, Int. Ch. VDH-Ch. Adam The Nobility, DJCh. Daddy's Dandy The Nobility.

101, 103, 104, 105 o, 106: fawn Welpe Melody's Iron Supertramp.

105 u: Ferry's Brandnew Experience.

108, 111: Braune Beardiehündin Melody's Impish Candy Girl from Ipanema.

110: Gorgeous Goody The Nobility.

113: Willowmead Winter Melody.

114, 118 o, 119 o: Europameister Agility Lano-Bright of Gaelictay.

117: Brook Lanes Black Bonnie RH.

118 u: Trine's Andy.

119 u: Hillibilly Dobby Blues. (Foto: Junglas).

120: Ch. Potterdale Classic of Moonhill. (Foto: Sally Anne Thompson).

126: Int., Franz., Dt., Lux. Ch., Weltsieger, Bsgr., VDH-Ch. Davealex Willy Wumpkins.

132: (Foto: Jan de Wit).

133, 135, 136: Int. Ch., VDH-Ch. Lucky Number's Ebony Kiss me Kate mit ihren Welpen aus dem D-Wurf Melody's.

137: Ital. Ch. Brambledale Brandino und Welpen aus dem G-Wurf vom Wubbel-Strubbel.

138: Alissa vom Kleinen Hobbit und Welpen aus dem G-Wurf The Nobility.

Register